柘荣太子参产业发展蓝皮书

（2022—2025年）

主 编：胡 娟　黄瑞平　张炎达

清华大学出版社
北 京

本书封面贴有清华大学出版社防伪标签，无标签者不得销售。
版权所有，侵权必究。举报：010-62782989，beiqinquan@tup.tsinghua.edu.cn。

图书在版编目（CIP）数据

柘荣太子参产业发展蓝皮书：2022—2025年 / 胡娟，黄瑞平，张炎达主编. -- 北京：清华大学出版社，2024.9. -- ISBN 978-7-302-64479-8

Ⅰ. F326.12

中国国家版本馆CIP数据核字第2024CH2762号

责任编辑：辛瑞瑞　孙　宇
封面设计：王晓旭
责任校对：李建庄
责任印制：刘　菲

出版发行：清华大学出版社
网　　址：https://www.tup.com.cn，https://www.wqxuetang.com
地　　址：北京清华大学学研大厦A座　　邮　　编：100084
社 总 机：010-83470000　　邮　　购：010-62786544
投稿与读者服务：010-62776969，c-service@tup.tsinghua.edu.cn
质量反馈：010-62772015，zhiliang@tup.tsinghua.edu.cn
印 装 者：北京联兴盛业印刷股份有限公司
经　　销：全国新华书店
开　　本：165mm×235mm　　印张：7　　字数：90千字
版　　次：2024年10月第1版　　印次：2024年10月第1次印刷
定　　价：128.00元

产品编号：106552-01

编委会

顾　问： 缪建泉　福建省中药材产业协会
　　　　　刘训红　南京中医药大学药学院
　　　　　王华磊　贵州大学农学院
　　　　　陈　锋　柘荣县政协
　　　　　　　　　柘荣县太子参产业发展工作小组

主　编： 胡　娟　福建中医药大学附属第二人民医院
　　　　　黄瑞平　福建省种植业技术推广总站
　　　　　张炎达　柘荣县太子参协会

副主编： 林忠宁　福建省农业科学院资源环境与土壤肥料研究所
　　　　　王建明　福建农林大学（国家中药材产业体系福州综合实验站）
　　　　　袁济端　柘荣县药业发展中心
　　　　　庞文生　福建中医药大学药学院

编　者： 阚永军　福建省中医药科学院药物研究所
　　　　　赵　立　福建省中医药科学院药物研究所
　　　　　蒋　畅　福建省中医药科学院药物研究所

刘莹莹　福建中医药大学附属第二人民医院

王　雄　福建省中药材产业协会

袁小坦　柘荣县药业发展中心

前 言

《柘荣太子参产业发展蓝皮书（2022—2025年）》（以下简称《蓝皮书》），通过对国内太子参产业发展状况进行回顾性分析，对柘荣太子参资源及其产业链进行梳理，对柘荣太子参行业运行存在的问题进行剖析，进而明确具有市场竞争力的发展方向和核心内容。对比国内其他重要产区，提出针对闽产道地药材柘荣太子参产业发展的独家建议和策略。

《蓝皮书》撰写过程中，编者在系统总结现有相关成果的基础上，密切关注国内太子参的资源分布和市场运行状况，围绕柘荣太子参产业发展的趋势及前景、技术创新的挑战及机遇等，采用定性与定量相结合、理论与实践相结合方法，一方面充分运用地方政府、相关行业协会的数据资料进行分析；另一方面以道地药材产区、主要交易市场和产品深加工企业为目标，全方位多角度进行调查研究。借鉴各地政策，破解柘荣难题，提出最优的本省太子参产业发展模式。

编 者

2022年12月

目 录

第 1 章 太子参产业现状 ································· 1

1.1 国内太子参产业现状 ································· 1

1.2 太子参研究最新进展综述 ···························· 3

    1.2.1 太子参化学成分研究 ························· 3

    1.2.2 太子参药理功效研究 ························· 10

    1.2.3 太子参品种选育与种植研究 ················· 18

1.3 知识产权专利导航分析 ······························ 27

    1.3.1 全国及柘荣县企业太子参专利的基本情况 ········ 27

    1.3.2 基于专利导航分析的柘荣县太子参产业发展路径 ··· 29

1.4 柘荣县太子参产业现状 ······························ 30

    1.4.1 柘荣种植太子参的历史沿革 ·················· 31

    1.4.2 柘荣太子参种植业发展现状 ·················· 34

    1.4.3 柘荣太子参加工业发展现状 ·················· 43

    1.4.4 柘荣太子参流通业发展现状 ·················· 44

1.5 柘荣太子参一、二、三产业融合发展 ················ 45

1.6 与国内重要产区对比，柘荣太子参的优势 ············ 46

第 2 章 柘荣太子参产业发展存在的问题及壁垒分析 ········ 47

2.1 现有柘荣太子参品种及其存在的问题 ················ 47

    2.1.1 柘荣太子参品种 ····························· 47

    2.1.2 不同产地太子参化学成分差异性与质量评价 ······ 48

2.2 太子参种植存在的问题 ······························ 49

	2.2.1 连作障碍 ··· 49
	2.2.2 主要病害 ··· 51
	2.2.3 主要虫害 ··· 55
	2.2.4 种植机械及效益 ································· 56
2.3	太子参开发利用存在的问题 ·························· 57
	2.3.1 新产品研发短板 ································· 57
	2.3.2 保健品获批不易 ································· 58
	2.3.3 饮片规模较小及智能化生产发展缓慢 ········ 58
2.4	柘荣太子参产业壁垒分析 ······························ 59
	2.4.1 行业技术壁垒 ···································· 59
	2.4.2 人才壁垒 ··· 59
	2.4.3 产品壁垒 ··· 61
	2.4.4 其他壁垒 ··· 66

第 3 章 柘荣太子参产业发展战略与规划建议 ············· 67

3.1	种植技术的规范与创新 ································· 67
	3.1.1 太子参优良品种的研究与选育 ················· 67
	3.1.2 太子参 GAP 生产与绿色种植技术 ············· 67
	3.1.3 基于大数据追溯平台建设 ······················ 67
3.2	太子参道地药材的质量研究 ·························· 70
	3.2.1 显微鉴别、薄层鉴别、DNA 鉴定 ············· 70
	3.2.2 含量测定 ··· 72
	3.2.3 指纹图谱 ··· 75
3.3	立足柘荣，探索全国最优的太子参产业发展模式 ······ 76
	3.3.1 攻坚种业芯片，助力太子参良种选育 ········ 76
	3.3.2 太子参标准制定重要参与者 ··················· 76

目 录

   3.3.3 太子参贮存与太子参交易市场 ··76
   3.3.4 太子参上下游产业链延伸 ··77
   3.3.5 打造太子参文化品牌建设 ··77
 3.4 政府的作用 ··78
   3.4.1 平台建设 ··79
   3.4.2 政策支持 ··80
   3.4.3 人才战略 ··81
   3.4.4 经费支持 ··82

第4章 柘荣太子参产业发展前景预测 ···84
 4.1 太子参新品种选育与推广 ··84
 4.2 太子参产地采收加工和存储技术突破 ··84
   4.2.1 太子参产地加工 ···84
   4.2.2 太子参存储 ··85
 4.3 太子参的深加工与综合开发 ···85
   4.3.1 开发精深加工产品,促进产业提质增效 ···································85
   4.3.2 加大资源综合开发,推动关联产业发展 ···································87
 4.4 柘荣太子参质量研究成果 ··88
 4.5 产业化关键技术成果 ···88
 4.6 站位柘荣,提出最优化的太子参产业发展模式 ··89

参考文献 ···90
结　语 ···100

第1章

太子参产业现状

1.1 国内太子参产业现状

太子参是常用中药品种，20世纪60年代后期到70年代初期，引野生为家种扩大生产，栽培地区从江苏发展到安徽、山东、福建、贵州等省，尤以福建和贵州产量最大。

以中药材太子参为原料的系列产品，基本形成了从中药材，到中药饮片、配方颗粒，到保健食品、中成药、化妆品等多元化、多层次的产业链条，并进而带动医疗器械、药品包装以及保健品等关联产业的发展。全国太子参年需求量一直呈上升趋势。

20世纪80年代，全国太子参年需求量约500吨，90年代末全国太子参年需求量约为900吨。在2003年抗击"非典"和2009年抗击"甲流"疫情过程中，太子参在诸多配方中高频率出现，加深了人们对太子参的认识，在保健食品和民间食疗、煲汤、凉茶中得到普遍使用。至2014年，全国太子参的需求量增至6000～7500吨，表现出较强的需求增长。目前全国有36个太子参产区，分布在福建、贵州、安徽、江苏、浙江、山东、河北、甘肃8个省份，规模较大的太子参产业基地在福建柘荣县和贵州施秉县。

柘荣县高度重视开拓中药材市场，县内建有太子参交易市场，在全国十多家药材专业市场建立信息联系或设立经销点，全县专门从事药材收购、药品营销的人员上千名，每年中药材交易量达8000多吨，交易额约 5 亿元，是闽浙地区重要的药材集散地，柘荣是全国两个最大的太子参主要产销区之一。当前，柘荣太子参的销售范围主要在福建、广东、北京、四川、台湾、香港等 20 多个省市和地区，每年销往美国、日本、法国、加拿大、新加坡、匈牙利、丹麦等 20 多个国家的外销量为 500 吨左右。

太子参入选福建道地中药材"福九味"，省内种植区域主要集中在柘荣县及福鼎、福安等部分乡镇，也被收载于"畲药鼎七味"名录。柘荣县为"中国太子参之乡"，种植历史悠久，已成为全国优质太子参主产区。"柘荣太子参"年种植面积约 4.5 万多亩，占全省 90% 以上，产量约 6000 吨，全县近 85% 农户从事太子参种植、购销等行业，太子参产值占农业产值的 40%。"柘荣太子参"1992 年获首届中国农业博览会金奖；2001 年获国家工商总局产地证明商标；2006 年被认定为中国驰名商标称号；2007 年国家质检总局正式批准"柘荣太子参"为原产地域保护产品（即地理标志保护产品）。柘荣县内力捷迅、广生堂、天人、贝迪等药业龙头企业，先后开发出复方太子参颗粒、太子宝口服液等 20 多个系列产品，逐步形成从中药材到中药饮片、保健食品、中成药、化妆品、兽药等多元化、多层次的产业链条，实现全产业链产值 27 亿元。

国内太子参的另一主产区之一——贵州省，自 1992 年，从柘荣县成功引种到贵州施秉县栽培种植，经过 30 多年的努力，贵州太子参的种植区域已发展到以施秉、黄平、凯里、余庆等地区为中心，辐射至遵义、安顺、黔南、黔西南、六盘水等地。贵州太子参于 2005 年通过国家食品药品监督管理总局的 GAP 认证，2012 年，"施秉太子参"获国家地理标志产品，2021 年"黄平太子参"获国家知识产权局地理标志证明商标注册保护。

目前江苏、安徽、山东、福建、贵州等省，主要以种植销售原料药为主；贵州省太子参种植面积位居全国第一，产量最大；福建省柘荣县

第 1 章 太子参产业现状

是全国最优质的太子参主产区和最活跃的太子参展销区。"柘荣太子参"已形成从药材到药品、饮料、家庭药膳；从片剂到胶囊、口服液等多元化、多层次的产业体系。

1.2 太子参研究最新进展综述

1.2.1 太子参化学成分研究

太子参化学成分种类丰富，目前国内外学者已从中分离得到环肽、多糖、生物碱、皂苷、氨基酸、脂肪酸、挥发油、微量元素等多种化学成分。

1.2.1.1 环肽

环肽是太子参中比较具有代表性的特征性成分。著名的植物学家中国科学院昆明植物研究所周俊院士及谭宁华教授团队，于1992年首次从太子参中分离得到了环肽类化合物 Heterophyllin A、Heterophyllin B，并结合紫外、红外、质谱、^{1}H NMR、^{13}C NMR、^{1}H-^{1}H COSY、^{13}C-^{1}H COSY 等核磁共振波谱技术表征了其化学结构[1]。在随后的10余年，该团队依次从太子参中提取分离并解析了 Heterophyllin C-J 多种太子参环肽类化合物结构[2-4]。日本东京药科大学的 Morita 教授，于1994—1995年依次分离得到 Pseudostellarins A-H，并通过波谱分析表征其结构[5-7]。福建中医药大学胡娟教授团队，采用 HPLC-MS/MS 方法，在太子参乙酸乙酯提取物中发现一种新环肽[8]。西南大学陈前锋、赵筱斐课题组对太子参采用系统分离纯化，得到 Pseudostellarins K、L，于2020—2021年表征其化学结构[9, 10]。目前，国内外学者已报道了多达19种太子参环肽化学结构（图1-1）。

太子参环肽的种类较多，但不同产地的太子参由于种质资源多样性及气候因子的不同，所含环肽的种类、含量有较大差异。南京中医药大学侯娅等[11]采用超高效液相-串联四极杆飞行时间高分辨质谱

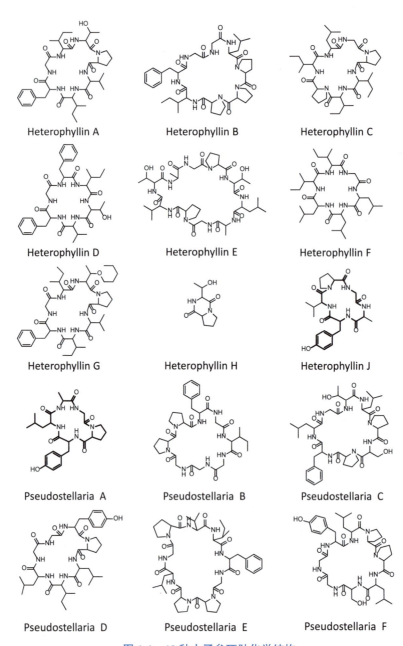

图 1-1　19 种太子参环肽化学结构

第 1 章　太子参产业现状

Pseudostellaria G　　Pseudostellaria H　　Pseudostellaria K

Pseudostellaria L

图 1-1　（续）

技术分析不同种源 24 批次太子参化学成分的差异，Heterophyllin B、Heterophyllin D、Pseudostellarin G 的相对含量以江苏句容种源太子参较高；Pseudostellarin B、Pseudostellarin F 和 Pseudostellarin D 的相对含量以福建柘荣种源太子参较高。已有多篇文献报道了不同产地太子参环肽类成分的差异性[12,13]。因此目前尚难以用环肽含量测定作为太子参质量评价的标准。

1.2.1.2　多糖

多糖是多种中药重要的大分子活性成分，日益受到中药化学及药理学研究者的关注。目前，对于太子参多糖的提取，主要采用的方法是水提醇沉法，但醇沉的乙醇浓度不尽相同[14-18]。另有少量超声波提取法、超高压技术提取法、蒸汽爆破技术提取法和酶提取法的研究报道[19-24]。多糖的纯化方法主要有 Sevage 法除蛋白、α-淀粉酶酶解除蛋白、无水乙醇回流脱脂、Sephadex G-100 凝胶色谱柱纯化、透析。经不同纯化方法提取所得多糖的单糖组成存在一定差异[25-28]。南京中医药大学的刘训红教授对太子参药材乙醇脱脂后水提醇沉，去除游离蛋白，经

DEAE-纤维素柱层析和 Sephadex G-100 柱层析，分得有活性的 2 种葡聚糖 PHP-A 和 PHP-B，PHP-A 的糖苷键主为 α 型，少数为 β 型，α-糖苷键与 β-糖苷键的比约为 7∶2；PHP-B 的糖苷键主为 β 型，但其完整结构尚不明确[29]。

关于太子参多糖，国内学者大多集中于对粗多糖的活性研究，其化学结构尚不明确。福建中医药大学的胡娟教授及其研究生陈锦龙，对柘荣柘参 2 号太子参进行水提醇沉、以 Sevage 法除蛋白，通过采用 40%、60%、90% 不同浓度乙醇分级沉淀得到了不同分子量范围的太子参多糖（PF40、PF60、PF90），发现 50～200 kDa 分子量的 PF40 多糖，具有潜在抗 2 型糖尿病（T2DM）的活性[30]。在此基础上采用 DEAE-纤维素和不同排阻范围的凝胶柱联用，从太子参抗 T2DM 多糖活性部位中，首次分离获得了杂多糖、直链葡聚糖和支链葡聚糖等 8 个均一多糖，并结合高效凝胶色谱、柱前衍生化高效液相色谱、气相色谱－质谱联用、核磁共振波谱技术、元素分析、旋光测定、红外等技术方法表征了其化学结构。支链葡聚糖均一多糖的基本结构类型是 α-葡聚糖，由 α-1,4-连接葡萄糖构成主链，α-1,4,6-连接葡萄糖形成分支，支链上含有少量 α-1,6-连接葡萄糖[31]。杂多糖均一多糖属于果胶类多糖（RG-Ⅰ），由鼠李糖（Rha）、半乳糖醛酸（GalA）、半乳糖（Gal）和阿拉伯糖（Ara）组成，其中半乳糖醛酸含量占比高达 63.20%。其中主链由 1,4-半乳糖醛酸组成，少量 1,2-鼠李糖嵌入主链。1,5-阿拉伯糖通过 1,2-鼠李糖的 C-4 连接，另一个 1,3-或 1,6-半乳糖通过 1,3-鼠李糖的 C4 连接到支链上[32]（图 1-2）。

1.2.1.3　生物碱类

谭宁华教授团队报道了太子参中 3 种焦谷氨酸衍生物，结构较为简单的生物碱[4]。贵州医科大学的何迅教授分离纯化得到了 3 种新的生物碱单体化合物 Pseudosterin A-C。通过波谱分析，确定这 3 种生物碱具

第 1 章　太子参产业现状

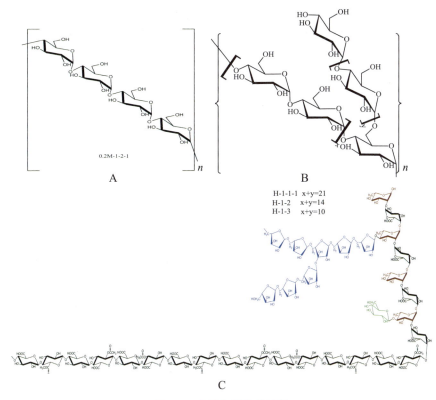

图 1-2　太子参的化学结构

A：直链葡聚糖；B：支链葡聚糖；C：杂多糖三类均一多糖

有 1- 乙基 -3- 甲酰基 -β- 卡波林的骨架结构，并通过骨架结构推测了其潜在的生物活性[33]。其他文献还报道了从太子参中分离得到银柴胡碱、尿嘧啶核苷、isolumichrome、2′- 脱氧鸟嘌呤核苷、N- 苯甲酰 -L- 苯基丙醇等化合物[34-37]（图 1-3）。

1.2.1.4　皂苷及皂苷元类

对于太子参皂苷类化合物的研究主要源于 30 年前。近些年来，关于皂苷的研究集中于有效部位，未见其单体结构的报道。沈阳药学院（现沈阳药科大学）王喆星副教授等分离得到太子参皂苷 A、尖叶丝石竹皂苷 D、β- 谷甾醇 -3-O-β-D- 葡萄糖苷、β- 谷甾醇 -3-O-β-D- 葡萄糖

苷 -6′-O- 棕榈酸酯、Δ7- 豆甾烯醇 -3-O-β-D- 葡萄吡喃糖苷[38]。中国药科大学秦民坚教授等分离得到 α- 菠菜甾醇 -3-O-β-D- 吡喃葡萄糖苷[39]。在这些太子参中发现的皂苷类成分中，具有五环三萜结构的太子参皂苷 A 是 1992 年发现的新化合物（图 1-4），但后续该成分未见追踪报道。

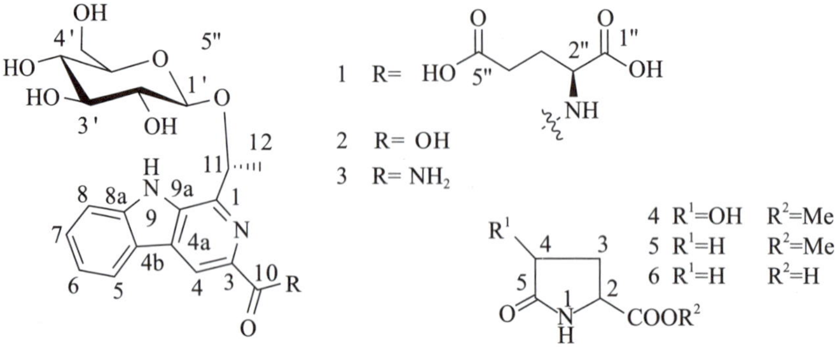

图 1-3　太子参中 Pseudosterin A-C 及焦谷氨酸衍生物生物碱的化学结构

1～3：Pseudosterin A-C；4～6：焦谷氨酸 3 种衍生物

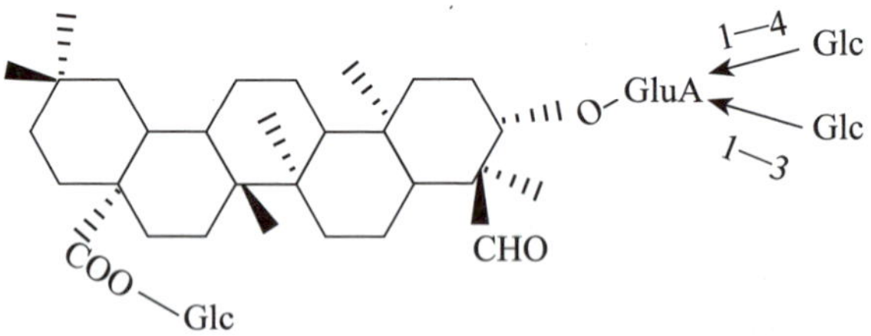

图 1-4　太子参皂苷 A 的化学结构

1.2.1.5　其他

其他文献还报道了太子参中的化学成分：有氨基酸类、脂肪酸类、挥发油类、有机酸类、磷脂类等。

氨基酸属于太子参中营养成分，从太子参中分离得到的氨基酸既包含以组氨酸、亮氨酸及赖氨酸等为主的人体必需氨基酸，也包括丙氨酸、脯氨酸、丝氨酸等非必需氨基酸[40-43]。太子参中的脂肪酸类化合物包括油酸、亚油酸、亚麻酸、棕榈酸等。通过气质联用鉴定到的挥发油类成分包括芳香族类、醇类、酯类、醛类、酮类、烷烃类、酸类、烯类、酰胺类[44-47]。目前太子参中氨基酸的检测方法有柱前衍生化高效液相色谱、毛细管电泳-间接紫外检测法、柱后衍生氨基酸自动分析仪分析法、薄层色谱法等[40-43]。现行中华人民共和国 2020 年版药典,太子参薄层色谱鉴别项下,鉴定的是太子参中的氨基酸。福建中医药大学胡娟教授团队阚永军等提升了太子参药材中氨基酸类成分的薄层色谱鉴别方法,太子参药材中各种氨基酸得到更有效地分离。与现有药典方法相比,明确了薄层色谱中氨基酸及其归属,包括精氨酸、丙氨酸、缬氨酸、γ-氨基丁酸和亮氨酸。同时该团队还建立了太子参脂溶性成分的薄层鉴别方法,丰富质量评价的内容[48]。

福州大学汪少芸教授等提取了太子参中的大分子蛋白,经酶解及柱分离后,获得了太子参蛋白肽 PPH。经氨基酸分析、分子量测定,该蛋白肽由谷氨酸、异亮氨酸、甘氨酸、亮氨酸、丙氨酸、蛋氨酸、脯氨酸、苯丙氨酸、精氨酸、天冬氨酸、组氨酸、缬氨酸、酪氨酸、赖氨酸、丝氨酸、苏氨酸和半胱氨酸,共 17 种氨基酸组成,分子量 < 1000 Da,具有免疫调节活性[49]。该蛋白肽经 RP-HPLC 进一步分离得到了两种活性肽单体 RP-5、YG-9,经质谱、核磁共振波谱及圆二色谱解析确定了结构[50, 51]。

1.2.1.6　总结及展望

太子参的化学成分种类较多,根据已有的文献报道,太子参中的主要化学成分有环肽、多糖、生物碱、皂苷、氨基酸、脂肪酸、挥发油、微量元素等。但其中目前结构明确,且属于太子参特征性,结构较为新颖的化学成分包括环肽、均一多糖、生物碱和蛋白酶水解多肽,这些化学成分后续值得被重点研究和关注。氨基酸、脂肪酸、微量元素等均不属于太子参特异性化学成分。

根据 30 年来太子参化学成分研究进展的分析,对于其环肽和多糖的进一步深入研究最具价值。环肽是太子参极具代表性的特征成分，但不同产地环肽的组成及含量有较大差异，如何培育出具有较高环肽含量且该类成分能在不同产地气候因子中稳定的太子参种质资源仍有待于进一步研究。太子参多糖是其中重要的活性成分，但由于其制备分离及结构解析难度较大，后续仍应加强对该类物质化学成分结构特征的研究。具有1-乙基-3-甲酰基-β-卡波林骨架结构的生物碱、蛋白酶解多肽是近两年来从太子参中新发现的化学成分，因此，关于该类物质的报道较少，其化学结构及制备分离技术还有待相关研究者进一步验证。太子参皂苷A是20世纪90年代发现的化学成分，但后续没有相应的新进展报道。

1.2.2 太子参药理功效研究

太子参味甘、微苦、性平、归脾肺经，补而不峻，是补气药中的一味清补之品，中医经典认为，太子参具有益气健脾，生津润肺之功效[52]。现代中药药理学研究证实太子参对慢性胃炎、消化不良、慢性阻塞性肺病、糖尿病、高血脂等多种疾病具有较好的疗效，且有增强免疫力等多重疗效。

1.2.2.1 传统中医功效

《本草丛书》认为太子参"入心、脾、肺三经"，可以补肺，健脾胃，治疗肺虚咳嗽，脾虚食少，心悸自汗，神力疲乏，口干，泄泻，体虚等症；《饮片新参》记载其"补脾肺之元气，止汗生津，定虚悸"。儿童一般不宜盲目服食人参，但太子参药性秉和，当小孩自汗、纳呆、倦怠、消瘦、体衰，或虚咳痰少、口干咽燥时，可选养阴益气的太子参，常获良效。《本草从新》说太子参能"治气虚、润肺燥、补脾土、消水肿、化痰止咳"，其特点是药力平和，以清补见长，临床应用往往能收到益气不升提，生津不助湿，扶正不恋邪，补虚不峻猛的效果[53]。

益气不升提：药有四性，升降浮沉，肺气宜清肃下降，否则上逆，

第1章 太子参产业现状

则生胸闷，咳嗽，气喘等症。又因肺为水之上源，肺失清肃，不能使水液下输膀胱，则滞而为痰为饮，当此肺气既虚且逆之时，投用人参必须慎重；"老慢支"患者都知道，人参太过"提气"，用之不妥，则咳喘加剧，痰涎更甚，此时若选用太子参则无此弊。脾胃主中州，同为后天之本，其中脾升胃降各不相同，脾气升精气才能上输，胃气降糟粕得以下行，如此升降相因，共同完成人体的气化过程；如果脾气虚而胃气逆，用人参非但无益，反使胃之逆气更恣肆嚣张，恶化病情。而太子参不升提不助逆，于和缓稳妥之中渐补脾胃之虚而使病情向愈。

生津而不助湿：湿邪重浊腻滞，气性类水，是为阴邪。养阴生津药所催化之津液与湿属性相类，同气相求，往往助湿为虐，人参有使湿邪流连胶固，更难清利分消之虞。太子参升津不助湿，于此时更为合拍。

扶正不恋邪：人体感受外邪，正邪相争，正气盛者自能祛邪外出，有正气不足以御邪者，必得扶正以祛邪。然正气方盛或邪气未尽之时，误投扶正之品，有时会适得其反，非但不扶助正气，却使邪气肆虐，或致病邪恋而难却，此时选用太子参会达到扶正不恋邪的效果。

补虚而不峻猛：有素体虚弱或病后邪去正虚者。若想进补，亦当审慎。遇有虚不受补之体，骤进人参，往往变生它疾，此时若予以太子参缓缓图之，则无后顾之忧。

1.2.2.2 现代药理学研究

1. 调节免疫，增强机体抵抗力

现代药理学研究证实，太子参对机体免疫功能具有增强作用。上海中医药大学王峥涛教授团队龚祝南等[54]的研究表明，太子参75%的醇提物对小鼠脾虚及细胞免疫功能低下均具有改善作用，能降低小鼠脾虚阳性发生率，升高脾虚小鼠的体重、肛温、胸腺指数及脾脏指数，延长脾虚小鼠的低温游泳时间和常压耐缺氧时间，并能增强泼尼松龙免疫抑制小鼠模型的迟发型超敏反应。

福建农林大学马玉芳教授团队[55]以太子参须提取物分别作用于正常小鼠及免疫抑制小鼠，探究其血清中 IL-2、IL-4、IL-6、IFN-γ 等免疫相关细胞因子的变化。结果显示，灌胃太子参须提取物可显著提高免疫抑制小鼠各项免疫相关细胞因子水平，正常小鼠血清细胞因子水平亦有显著提高。同时，太子参须提取物可升高免疫球蛋白细胞 IgA、IgM、IgG 和补体 C3 及 C4 含量，对免疫抑制小鼠发挥免疫保护作用[56]。

胸腺和脾脏指数的高低取决于淋巴细胞增殖程度，是评价模型动物免疫功能强弱的关键指标。成都中医药大学王家葵教授[57]采用环磷酰胺制备免疫抑制小鼠模型，太子参总提取物灌胃给药 12 天后取样检测。结果表明，模型动物经环磷酰胺处理后，胸腺、脾脏均明显萎缩，太子参总提取物则可逆转这一趋势，效果与给药剂量呈正相关。福建中医药大学蔡晶教授及陈耀金等的研究亦证实太子参多糖可明显增加小鼠胸腺、脾脏的重量，提高免疫低下小鼠的吞噬指数和吞噬系数，具有免疫增强作用。同时能不同程度地使 CD3、CD4、CD4/CD8 升高，且使 CD8 下降，具有对辅助性 T 细胞（Th）的增强作用及对抑制性 T 细胞（Ts）的抑制作用[58, 59]，证明了太子参多糖对细胞免疫功能具有调节作用。

福建中医药大学胡娟教授团队阚永军等[60]通过对太子参多糖灌胃给药小鼠进行血清溶血素、白细胞计数和碳粒廓清实验，测定其半数溶血值、白细胞计数、吞噬指数和吞噬系数，评价太子参对免疫功能的影响。结果显示，太子参多糖可通过提高巨噬细胞吞噬功能、脾细胞增殖能力、NK 细胞活性和迟发型变态反应增强小鼠细胞免疫功能，同样可通过促进血清溶血素的形成来提高体液免疫功能。此外，太子参多糖还维持了环磷酰胺诱导的小鼠脾淋巴细胞的免疫平衡，改变了肠道的生理状态。在免疫抑制小鼠模型中，太子参多糖通过恢复 *Odoribacter* 和 *Mucispirillum* 的相对丰度以及减少 *Sporosarcina*、*Yaniella* 和 *Jeotgalicoccus* 的相对丰度来调节肠道微生物种群。这些结果表明，太子参多糖有望被应用于减轻化疗所致的免疫抑制。

近期研究证实脾虚与肠道菌群的失衡有着密切关联[61]，当肠道微生态遭到破坏时，机体的脾胃功能受到影响；而随着脾胃功能的失调，同样会造成机体肠道菌群的紊乱。胡娟教授团队肖庆、朱妍锦等[62, 63]采用苦寒泻下法制备脾虚大鼠模型，给予太子参水煎液灌胃治疗14天后采集盲肠内容物进行16S rDNA测序。实验结果显示，在科水平上，太子参水煎液可显著提高 *Prevotellaceae* 和 *Lachnospiraceae* 等有益菌的相对丰度，显著降低 *Peptostreptococcaceae* 等有害菌的相对丰度。这一结果证明太子参水煎液对脾虚型大鼠肠道菌群组成具有一定的积极影响。

2. 止咳平喘，改善气道顺应性

咳喘是呼吸道感染、哮喘、慢性阻塞性肺病（COPD）、嗜酸粒细胞性支气管炎（EB）等疾病的常见症状，严重影响患者的日常生活和工作。福建中医药大学胡娟教授团队林泗定等[64, 65]采用烟熏法制备肺气虚证动物模型，对太子参的镇咳止喘功效进行了系统性研究。结果显示，太子参乙酸乙酯提取物和太子参粗多糖提取物可以显著抑制肺气虚大鼠肺吸气阻力的增加和动态肺顺应性的降低；太子参提取物及活性化学成分可以降低肺部炎症细胞趋化因子 IL-8、TNF-α、GM-CSF 的生成和释放，增加抗炎细胞因子 IL-10 的生成，进而控制病情的发展；其治疗机制可能与抑制肺部炎症反应，促进受损的呼吸道组织修复，改善肺功能等作用有关。团队成员卢峰、杨晗等[66, 67]在上述研究的基础上继续深入探索，进一步研究了太子参环肽对COPD大鼠模型的治疗作用和靶点通路。肺组织切片形态学观察发现，COPD模型组大鼠肺泡数量明显减少，存在明显的炎症反应，炎症细胞浸润，肺泡结构破坏。肺部病变表现为肺间质水肿，肺泡壁增厚，肺泡腔较少；肺泡广泛坏死，部分实变，炎性细胞浸润。而太子参环肽可显著减轻肺泡破坏程度，减轻肺部炎症，增加肺泡腔，改善气道的炎性细胞浸润。经过太子参环肽处理后的大鼠肺泡巨噬细胞（AM）相较模型组对脂多糖（LPS）诱导刺激的炎性反应有着更强的抗性，其机制可能与抑制 TLR4-MyD88-JNK/p38 信号转导通路的异常激活有关。

3. 降低血糖，治疗 2 型糖尿病

太子参常用于临床糖尿病组方中，以太子参为主药治疗气阴两虚、燥热伤津型糖尿病，临床效果显著。苏州大学顾振纶教授率曹莉等团队成员率先研究报道了太子参水煎液对氢化可的松琥珀酸钠诱导产生的胰岛素抵抗具有显著改善作用，对链脲佐菌素诱导形成的糖尿病模型也表现出明显的降糖作用[68]。

随着研究的深入，众多科研团队认识并深入研究了太子参多糖对糖尿病及其并发症的治疗作用。在福建中医药大学胡娟教授团队陈锦龙[69]采用乙醇对闽产柘荣太子参多糖分级醇沉，基于 1 型和 2 型糖尿病动物模型，以空腹血糖等为考察指标对太子参多糖抗糖尿病药效部位进行了分级筛选与结构表征。实验结果显示，太子参各级多糖对 1 型糖尿病小鼠的降糖作用轻微，对 2 型糖尿病大鼠则显示出显著的降糖效果，各组均一多糖中以 PF40（分子量 $5.2 \times 10^4 \sim 2.1 \times 10^5$ Da）尤甚[30]。PF40 级分多糖能改善 2 型糖尿病大鼠的糖耐量和胰岛素耐量，降低血清胰岛素，改善胰岛素抵抗。通过对血清相关标志物检测，表明 PF40 级分多糖可提升抗炎因子 IL-10 水平，降低炎症因子 TNF-α 水平，提升 ACRP-30，促进脂肪代谢，亦略有升高高密度脂蛋白（HDL）的作用[32]。

安徽中医药大学夏伦祝教授团队[70]通过腹腔注射四氧嘧啶制作糖尿病大鼠模型，观察太子参多糖对实验性糖尿病大鼠糖、脂代谢的影响。结果显示太子参多糖能改善糖尿病大鼠的一般症状，延缓体重下降，降低空腹血糖，降低三酰甘油和总胆固醇水平，这表明太子参多糖除具有显著的降血糖作用外，还能有效降低血脂水平，改善脂质代谢紊乱，提示其对糖尿病并发症可能具有预防作用。故在后续的研究[71]中，

通过大鼠糖尿病肾病模型证实了太子参多糖可显著提高实验性大鼠血清 DL-C 含量，降低 TG、TC、LDL-C、SCr、BUN 水平，减轻肾脏病理组织学变化，在调节糖尿病大鼠血脂、血糖的同时实现肾脏保护的作用。

值得注意的是，在上述研究中，太子参多糖对四氧嘧啶实验性糖尿病大鼠未显示出明显的升高胰岛素作用，表明其降糖作用机制不是直接作用于胰岛。宁海县第一医院鲍琛[72]在用链脲佐菌素诱导制备的 1 型糖尿病小鼠模型上，也观察到太子参多糖具有相同效果：太子参多糖具有显著性降低空腹血糖，改善糖耐量的作用，而且具有降低血脂的功能。实验结果支持太子参多糖改善糖耐量与抑制糖苷酶存在相关性，太子参多糖可能具有一定的糖苷酶抑制作用。

基于此，福建中医药大学胡娟教授团队阚永军等[73]以阿卡波糖为阳性对照，采用 ELISA 法检测由大鼠小肠分离出的 α- 糖苷酶活性，探索太子参均一多糖对 α- 糖苷酶活性的影响。实验结果证实太子参均一多糖 HP0.5MSC-F 和 HPH-1-2 对 α- 糖苷酶活性具有抑制作用。

除抑制 α- 糖苷酶活性外，太子参多糖还可通过减轻胰岛素抵抗作用发挥降糖功效。王琪等[74]建立胰岛素抵抗糖代谢紊乱小鼠模型，观察太子参多糖对模型动物的调控作用。实验结果证实太子参多糖可减轻丙酮酸诱导的糖异生作用，增强胰岛素信号，激活 AKT、AMPK、Nrf2/NQO1 信号通路，从而抑制胰岛素抵抗，起到改善糖代谢紊乱的作用。厦门大学陈全成教授团队张伟云等[75]的研究证实，太子参提取物与罗格列酮类似，可作用于过氧化物酶体增殖体激活受体（PPAR）改善胰岛素敏感性，降低血糖。

在糖尿病所引发的众多并发症中，糖尿病足因创面难愈，具有较高致残率等弊端，亟须寻找合适的治疗手段。福建中医药大学胡娟教授指导研究生王林莉[76]建立大鼠糖尿病足溃疡模型，以太子参多糖进行治疗并持续观察计算创面愈合率。实验结果显示，给药后第 7 天与第 14 天，太子参多糖外用组创面愈合率明显好于模型组，与阳性组（重组人表皮细胞生长因子外用溶液）相差不大，证明太子参多糖具有促进高血糖大鼠足溃疡创面愈合的功效。

在后续的研究中，该团队深入研究了太子参多糖在 2 型糖尿病动物模型中的肠道免疫平衡调控作用。肠道免疫系统异常会诱导肠道慢性炎症反应的发生，继而加重胰岛素抵抗并引起一系列糖尿病并发症。在胡娟教授的指导下，刘莹莹、黄雅婷等[77,78]采用腹腔注射链脲佐菌素联合高脂高糖饲料喂养建立型糖尿病大鼠模型，灌胃给予太子参活性多糖，研究太子参多糖改善模型大鼠肠道免疫的作用机制。实验结果显示，与模型组相比，太子参多糖可显著降低空腹血糖、血清胰岛素、HOMA-IR，提高大鼠的糖耐量。肠组织病理染色结果显示，与模型组比较，太子参多糖能够显著增加大鼠十二指肠、空肠、回肠和结肠杯状细胞、上皮淋巴细胞数量，降低固有层淋巴细胞密度，显著提高模型大鼠空肠绒毛长度和 V/C 值，减少空肠组织细胞凋亡。上述结果证实太子参多糖有利于空肠组织 Th17/Treg 免疫细胞平衡的恢复，其作用机制可能与 Foxp3 蛋白有关。

4. 保护心肌，抗氧化应激损伤

南京中医药大学段金廒教授课题组沈祥春等[79]率先研究报道了太子参对心肌梗死后慢性心衰大鼠的保护作用及其机制。采用结扎大鼠冠状动脉导致急性心肌梗死慢性心衰大鼠模型，以心脏指数、羟脯氨酸的含量分析心肌纤维化程度，以左心室超氧化物歧化酶（SOD）、过氧化氢酶（CAT）、谷胱甘肽过氧化物酶（GSH-Px）活力与总抗氧化能力（T-AOC）分析抗氧化能力，以丙二醛（MDA）含量分析氧化能力。结果显示太子参水煎液可显著降低心脏指数和左心室羟脯氨酸的含量，提高抗氧化酶的活力和 T-AOC 水平，降低 MDA 的含量，改善心肌梗死后的慢性心衰。其机制可能与改善氧化应激状态、提高抗氧化能力、

第 1 章　太子参产业现状

降低 MDA 的含量等途径相关。

细胞外基质病变是心肌梗死后慢性心衰的主要病理表现，细胞外基质对维持心肌细胞的排列、协调心肌收缩性及维持左心室几何形态起重要作用。故该团队在后续的实验研究中，沈祥春等[80]重点关注了与细胞外基质降解密切相关的基质金属蛋白酶家族表达情况。结果显示大鼠冠脉结扎发生心功能紊乱后，左心室组织 MMP-2 与 MMP-9 mRNA 水平显著提高，酶活性增加。太子参水煎液灌胃治疗可显著改善心衰大鼠的血液流变学，抑制左心室组织中 MMP-2 与 MMP-9 的活力和 mRNA 的表达程度，减少心肌纤维化，改善心功能。

贵州医科大学何迅教授指导研究生杨馨[81]通过 D101 大孔吸附树脂梯度乙醇洗脱将太子参药材水提物分为 4 个部位，分别考察了各部位对 H9c2 心肌细胞缺氧/复氧损伤模型细胞存活率的影响，从而对太子参抗心肌细胞缺氧/复氧损伤的活性部位进行了筛选。通过测定模型细胞培养液中 LDH 活性及细胞内 MDA 含量、SOD 活性等方法进一步确定了太子参药材水提物 50% 乙醇洗脱部位是太子参抗 H9c2 心肌细胞缺氧/复氧损伤的活性最强部位。

在该团队后续的研究工作中，孙弼等[82]进一步阐明了太子参多糖减轻心肌缺血，再灌注损伤模型大鼠的心肌组织损伤，并抑制心肌细胞凋亡的机制。实验发现太子参多糖可使大鼠心肌组织中 Bax 蛋白表达水平、Bax/Bcl-2 蛋白表达水平比值、Caspase-3 蛋白表达水平显著降低，Bcl-2 蛋白表达水平显著升高，差异均有统计学意义。提示太子参多糖可能是通过下调促凋亡相关蛋白 Bax、Caspase-3 和上调抑凋亡相关蛋白 Bcl-2 表达来实现心肌保护作用的。

福建省立医院阮君山教授团队的研究亦支持太子参多糖对心肌细胞损伤的保护作用，团队成员刘湘湘等[83]研究发现太子参多糖对大鼠冠脉左前降支结扎心肌缺血模型心功能指标具有积极作用，可明显减少心律失常的发生的频率及时间。模型组及太子参多糖组血清肌酸激酶（CK）、一氧化氮（NO）、MDA 及 SOD 等生化指标变化均有统计学意义，提示太子参多糖可通过抗应激、抗脂质过氧化、抗炎等途径保护缺血心肌。

随着现代药理学研究的逐步深入，太子参中所含药效活性成分的具体作用机制靶标与太子参中医传统功效间的关联脉络愈发清晰。众多科研团队从细胞因子、靶点通路、肠道菌群调控等多维角度为太子参健脾益气、滋阴润肺、益气生津等传统功效赋予了现代科学内涵，为中西医结合提供了更好的可能性，使众多患者从中受益。

1.2.3 太子参品种选育与种植研究

1.2.3.1 太子参的植物学特征

太子参原植物为石竹科孩儿参属多年生草本植物异叶假繁缕。太子参株高 15～20 cm；块根长纺锤形，白色，稍带灰黄。茎直立，单生，被 2 列短毛。茎下部叶常 1～2 对，叶片呈倒披针形，顶端钝尖，基部渐狭呈长柄状，上部叶 2～3 对，叶片呈宽卵形或菱状卵形，长 3～6 cm，宽 2～20 mm，顶端渐尖，基部渐狭，上面无毛，下面沿脉疏生柔毛。开花受精花 1～3 朵，腋生或呈聚伞花序；花梗长 1～2 cm，有时长达 4 cm，被短柔毛；萼片 5 片，狭披针形，长约 5 mm，顶端渐尖，外面及边缘疏生柔毛；花瓣 5 个，白色，呈长圆形或倒卵形，长 7～8 mm，顶端 2 浅裂；雄蕊 10 枚，短于花瓣；子房呈卵形，花柱 3 枚，微长于雄蕊；柱头头状。闭花受精花具短梗；萼片疏生多细胞毛。蒴果呈宽卵形，含少数种子，顶端不裂或 3 瓣裂；种子褐色，扁圆形，长约 1.5 mm，具疣状凸起。花期 4—7 月，果期 7—8 月[84]。

1.2.3.2 太子参的生长特性

太子参是喜肥、喜温凉的植物，适宜生长于肥沃含有丰富腐殖质的砂质土壤，耕作层厚 20～30 cm，土壤的 pH 宜为 6～6.5，坡地坡度

第 1 章　太子参产业现状

在 35° 以下、土层厚度 40 cm 以上，坡向以朝北、向东为宜。不宜在黏土、容易干旱的涝洼地或排水不良地块种植。气候条件要求温和湿润、凉爽，怕夏日高温和强光暴晒。平均气温在 10～20℃ 时生长旺盛，在气温 30℃ 以上时，植株生长停滞，合理间套作早春高秆作物遮荫可提高产量。太子参种植地前茬作物以蔬菜、豆类和禾本科作物为宜，前茬忌茄科植物。太子参比较耐寒，具有低温发芽生根的特性，块根在 –20℃ 气温下也可安全越冬。太子参忌旱涝，干旱时植株干枯，积水时根部容易感染病害而腐烂。育苗地应选靠近水源或有灌溉条件的地方，土壤较湿润的地块；移栽地和直播地应选择地势高、较干燥、排水良好的地块，以防根腐病蔓延，造成减产[85, 86]。

1.2.3.3　太子参品种选育

太子参栽培中由于长期进行无性繁殖，从而引起了种质抗病性减弱、产量下降，各产区近年来开展了品种选育工作。主要包括：挑选优异的个体并进一步培育而成为新品种的选择育种法；将具有不同优越性状的个体进行杂交以获得整体优越的新品种的杂交育种法；利用太空特殊的环境诱变作用，培育作物新品种的太空育种法。

1. 选择育种法

"柘参 1 号"是在收集 10 个农家品种后，从中挑选出的 3 个性状比较相近的太子参，进行统一命名的品种，经栽种对比发现具有性状变化少、品质优良、产量稳定的优点，并于 2003 年得到了福建省非主要农作物的品种认定。"柘参 2 号"是在收搜集了无花种、白芽种等 8 种农家太子参品种后选育扩繁得到的。"柘参 2 号"具有抗病能力较强、适应能力良好、产量高、药材质量好等优点。贵州省施秉县于 20 世纪 90 年代从福建引种，种植多年后发现太子参产生变异，经过系统选育，2011 年经贵州省农作物品种审定委员会审定通过形成新的品系"黔太子参 1 号"。"施太 1 号"是以搜集全国各地的太子参种质资源为前提，运用混合选育的方法得到的太子参新品种。"贵参1号"品种来源于安徽宣城野生植株，移栽于贵州施秉县，经系统选育而成，2021年获得贵州省中药材新品种认定。"宣参1号"是采用系统选育法育成，经3年的试验示范，表现出产量高、抗性强、综合性状优良的特点，并于2005年得到了安徽省非主要农作物的品种认定[87-89]。

2. 杂交育种法

长时间无性繁殖容易使太子参病毒感染率居高不下，病毒病与叶斑病会导致太子参的叶片枯萎，植株无法积蓄养分，最终致使太子参植株死亡，从而使得太子参的产量与质量剧烈下滑。"柘参4号"太子参新品种以柘荣太子参栽培品种"柘参1号"为母本，以江苏句容市太子参农家种"江苏种"为父本，通过人工杂交选育而成，具有产量高、块根大、商品性好、质量优的特点，2023年获得福建省非主要农作物的品种认定。山东省临沭县农技站经过6年的定向培育，利用本地野生太子参与引进太子参杂交选育出的抗病毒高产新品种"抗毒1号"。该品种对病毒的抵抗能力显著增强，对其2年病株率进行调查发现病株仅占2%[87]。

3. 多倍体育种法

植物多倍体育种会产生更大的品种优势，染色体多倍化后拓宽了物种的遗传变异范围及增强了对外界胁迫的缓冲能力，有利于创建优质、高产的新品种和增强植物的抗病、抗逆能力。"柘参3号"以"柘参1号"品种为材料，通过染色体加倍培育而成，并于2014年通过福建省品种认定委员会认定为农作物中药材新品种。但2022年出台的《中药材生产质量管理规范》（中药材GAP）已明确禁止使用该育种方法，"柘参3号"已被禁止种植推广。

第 1 章　太子参产业现状

4. 太空育种法

将作物种子搭乘返回式卫星送到太空，利用太空特殊的环境诱变作用，使种子产生变异，再返回地面培育作物新品种。2021年神舟十二号飞船将38 000粒柘荣太子参种子载入中国空间站，开展太空诱变育种试验，经过空间育种试验的柘荣太子参种子，已成功回归柘荣县航天育种产业创新示范基地，将为太子参种质资源的选育工作提供丰富的遗传种质资源（表1-1）。

1.2.3.4　太子参的繁殖技术

1. 种子繁殖

选择长势一致且健壮的太子参植株，在果实未成熟前套袋采收或连果柄剪下，放在通风干燥处晾干脱粒、净选后沙藏。1份种子用2～3份清洁河沙混拌均匀，湿度以手握成团，触之即散为宜，低温贮藏至秋季播种。秋播时间为10月下旬至11月上旬，在整好的苗床上横向开沟条播，沟距15～20 cm、深1 cm左右。参种拌草木灰撒入沟内，覆厚约1 cm的细土并浇水，播后搭小拱棚以便越冬。第二年4月中、下旬即可出苗，待幼苗长出2～3对叶片时进行移栽。因太子参种子不易收集，生产中已较少采用种子繁育[90]。

表 1-1　不同产区培育的太子参优质种质资源

选育地区	名称	备注
福建柘荣	柘参1号	从农家种中筛选育成；2003年获得福建省非主要农作物品种认定
福建柘荣	柘参2号	从农家种中筛选育成；2003年获得福建省非主要农作物品种认定
福建柘荣	柘参3号	多倍体育种法育成；2014年通过福建省品种认定委员会认定为农作物中药材新品种，目前已被禁止推广
福建柘荣	柘参4号	杂交选育法育成；2023年获得福建省非主要农作物品种认定

续表

选育地区	名称	备注
安徽宣城	宣参 1 号	系统选育法育成；2005 年获得安徽省非主要农作物品种认定
山东临沭	抗毒 1 号	杂交育种法育成
贵州施秉	黔太子参 1 号	选择育种法育成；2011 年经贵州省农作物品种审定委员会审定为新的品系
贵州施秉	施太 1 号	选择育种法育成；2016 年获得贵州省农作物品种审定
贵州施秉	贵参 1 号	选择育种法育成；2021 年获得贵州省中药材新品种认定

2. 块根繁殖

太子参生产中大多采用块根繁殖。太子参采收时，选择参体健壮充实、芽头完整且饱满、无机械损伤、无病虫害和无腐烂部位的太子参块根作种参，将其放在室内阴凉处沙藏。贮藏期间保持湿润，每 15 ~ 20 天翻动 1 次，直至栽种时取出挑选健壮的好参种植。为减少工作量和参种贮藏期间的损失，现多采用保苗留种法，即 5 月上旬在留种参田套种高秆作物（如大豆、玉米）为太子参遮荫；或在留种参田人工搭遮阳网进行遮荫，秋季栽种时边挖参边栽种。先开深 10 ~ 13 cm 的栽植沟，沟的走向与畦面的走向垂直，将沟土放在沟背上。沟开好后按株距 5 ~ 7 cm 将种参斜栽在沟内，将参头保持在同一水平线上，有利参苗出土整齐。栽种完第 1 沟后按行距 10 ~ 15 cm 再开沟，将沟土覆盖在栽种好的上一沟参体上，覆土深度以不超过 6 cm 为宜[91, 92]。

3. 脱毒苗繁殖

组织培养脱毒苗可为大田生产提供优质种源，目前已建立了太子参脱毒种苗的组培扩繁方法，并实现太子参脱毒种苗的工厂化育苗。以太子参苗新生茎尖为外植体，消毒处理后，于低倍双筒解剖镜下获取茎尖分生组织，置于 MS 固体培养基（MS+6-BA 1.0 mg/L+NAA 0.1 mg/L+

蔗糖 30 g/L+ 琼脂 10 g/L）上进行人工气候室培养，获得太子参脱毒种苗；转入组培瓶中培育，获得太子参扩繁种苗；待太子参扩繁种苗生长至 6 cm 高后，洗净根部培养基，移栽至盛有营养基质的育苗盘上，在人工气候室驯化间培养 1 个月，将脱毒太子参扩繁种苗移植至进行过消毒处理的土壤中繁育脱毒种参[93, 94]。

1.2.3.5 太子参的栽培技术

1. 土地选择

太子参不耐连作，中后期地下部分生长快，应选择疏松、肥沃、排水良好的砂壤土。收割前茬作物后，深翻土壤 20~30 cm。施入充足的基肥后，耙细整平，做成宽 1~1.3 m、高 17~23 cm 的弓形畦，畦沟约 30 cm。为了防止因肥烂种，基肥不能碰到种参，宜先在条沟中施肥，与土混匀，而后下种覆土[95]。

2. 施肥管理

太子参前期枝叶柔嫩，须施足基肥。在旺盛生长前期，应追肥 1~2 次，以促进参苗早生快长，可浇施 5~10 kg 的复合肥，追肥不超过 5 月初。太子参品种间低水平追肥增产与高水平追肥减产的特性差别不大；太子参不耐肥，应以基肥、有机肥为主，在生长过程中，追施少量含氮、钾复合肥，有利于植株生长及产量提高[96]。提倡使用生物菌肥，太子参施用生物菌肥后，土壤中的生物菌大量繁殖产生群体优势，分解固定在土壤中且不能被植株吸收使用的氮磷钾，并固定空气中的游离氮，持续供给生长营养，减少化肥用量，促进太子参增产增收。太子参收获的是块根，其品质优劣与农民的收益紧密相关，要重视基肥的施用，不宜后面追肥，防止块根受到伤害或者因肥料烧根而损坏，尤其是后期更要把握好均衡施肥，过多的氮肥会使茎叶徒长，耗掉不必要的养料，质量降低[97, 98]。

3. 水分管理

全生育期忌渍水，雨水季节应清沟排水，遇干旱应及时灌溉，保持土壤湿润。太子参旱涝皆怕，气候干旱时，应适当浇灌，使土壤保持湿润；雨后季应及时排出雨水，畦面不得积水，并保持湿润；块根进入膨大期后，注意勤浇水，可以使用半沟深的沟灌或喷灌。留种田越夏期间更要避免踩踏[95, 99]。

1.2.3.6 太子参病虫害防治

太子参病虫害防治以农业防治和生物防治为主，严重的情况下，可适当采用化学防治。农药使用要按照《农药合理使用准则（十）》（GB/T 8321.10—2018）的规定执行，严格控制喷施浓度、亩用量、施用次数。在太子参采收前1个月内严禁使用任何农药。

1. 病毒病

病毒病是主要影响太子参产量的病害，易造成植株叶片皱缩，影响叶片功能，严重造成植株干枯，地下块根细小瘦弱。为防治太子参病毒病的发生，应适当推广脱毒繁育种苗。其次选择无感染地块作为留种田，生长季节发现花叶病株随时拔除，减少传染。还应加强太子参田间管理，适时追肥，培育壮苗，增强抗病性，有研究表明生物菌剂木霉、矿源黄腐酸钾和有机底肥联用可有效降低太子参病毒病的发病率，并提高太子参的产量及品相[100]。太子参病毒病感染后，可用吗胍乙酸铜等喷雾施治[101]。

2. 叶斑病

叶斑病是太子参最常见的叶部病害，多雨易发此病，发病时叶面出现褐色斑点，严重时可导致叶片褐色枯死。研究显示，30%苯醚甲环唑丙环唑微乳剂对太子参叶斑病具有较好的防治效果，10天施1次，连施2次，对太子参叶斑病的防治效果可达78.38%[102]。另有研究发现，10%世高喷施后40天仍显示70%的防治效果[103]。70%甲基硫菌灵可

第 1 章　太子参产业现状

湿性粉剂、37% 苯醚甲环唑可湿性粉剂、40% 氟硅唑乳油以及 1% 申嗪霉素悬浮剂对太子参叶斑病病原菌的抑制率高于 72.3%。其中，1% 申嗪霉素为生物源抗生素，具有毒性低、半衰期短的特性，因此，建议选择 1% 申嗪霉素用于太子参叶斑病的防治，尤其是在近采收期施用，可降低农药残留，提高安全性[104]。

3. 紫纹羽病

紫纹羽病是太子参的常见病害之一，又称霉根、泥龙、烂蒲头等。病菌从太子参嫩根系侵入，后扩展到较粗的支根及主根上，病根初为黄褐色，后变黑褐色，严重时皮层腐烂变黑，在被害根表面可见紫褐色丝缕状菌丝，菌丝纠结成根状菌素，菌素纵横交错呈网状，素内菌丝呈 H 状连结，根部布满菌素，后期根茎基部及附近地面形成一层紫红色绒状菌膜。根茎染病，叶面生长缓慢，细小，叶色发黄，下部叶提早脱落，叶梢先端或细小枝枯死，最后整株死亡。防治时期 5—7 月，防治方法：菌肥、木霉菌、枯草芽孢杆菌等作为底肥施用，或者在 4—5 月进行灌根。叶斑病防治方法：10% 苯醛甲环唑 1000 ~ 1500 倍液，70% 代森锰锌 400 倍液或 25% 咪鲜胺 1500 倍液等连续 2 ~ 3 次，间隔 7 ~ 10 d。

4. 根腐病

高温高湿热天气易发生根腐病，尤其是留种越夏的参田易发病。太子参留种田地应避免重茬，雨后及时排水，防止参田积水。发病初期，可用 10% 苯醚甲环唑防治太子参根腐病的蔓延[105]。或者使用 75% 百菌清可湿性粉剂和 70% 甲基托布津可湿性粉剂轮换喷施[106]。6.6% 嘧菌酯·1.1% 咯菌腈·3.3% 精甲霜灵悬浮种衣剂和 25% 吡唑醚菌酯乳油对尖孢镰刀菌引起根腐病有良好的抑制效果[107]。50% 多福可湿性粉剂能有效防治太子参块根根腐病的发生，维持太子参产量，同时显著提高了块根外观品质[108]。

5. 地下害虫

地下害虫主要是地老虎、蛴螬、金针虫等，通过咬食块根引起太子参产量降低。为防治地下虫害的方式，施用农家肥时应经过腐熟处理，施用前进行高温堆肥，杀死虫卵。在太子参移栽时将辛硫磷粉剂与细沙土混匀撒施根部。幼虫为害期可用40%毒死蜱乳油灌根；成虫繁殖季节可在田间设置杀虫灯捕杀成虫，或者采用毒饵诱杀[91]。

1.2.3.7 太子参品种选育与种植过程中存在的问题

1. 加强对太子参种质资源的保护与利用

目前，太子参块根无性繁殖的形式进行繁殖栽培，农民多以自家种植品种进行留种栽培。太子参长期的无性繁殖，使得其病毒感染率升高，病毒病与叶斑病发病增加，严重影响了太子参的品质。收集具有典型特征的太子参个体，创建太子参种质资源库，为太子参新品种选育和遗传改良提供材料来源；进一步加强对种质资源的保护与利用，获得品质优越的新品种，有利于推进太子参产业的持续健康发展。同时，太子参茎尖组培脱毒技术已较为成熟，在太子参生产上考虑适当加大太子参脱毒种苗的推广力度。

2. 太子参品种选育与药效成分积累相结合

在太子参品种选育过程中，往往仅以其产量、抗性、环境适应性等参数作为评价其优良的指标，而忽略了药效活性成分积累对太子参品质的影响。太子参作为应用于临床的中药材，其药效活性成分积累是维持其药理活性的基石。因此，在太子参品种选育过程中应考虑在维持其生理特性的基础上，以太子参内在质量信息为导向，在满足太子参国家标准/行业标准的前提下，选育和推广优质高产的太子参新品种。以药效活性成分积累为导向的太子参品种选育研究，将对太子参产业的可持续发展具有重要的意义。

第 1 章　太子参产业现状

3. 建立成熟的太子参种植/管理规范

建立成熟的种植管理规范是优质太子参的技术保证。多年来，农民在进行太子参生产时往往是凭借传统的种植经验进行生产，使得太子参品种退化严重，抗病虫害能力下降，产量下降，品质低下，给太子参的进一步开发带来不少的障碍。如在太子参病虫害防治过程中存在严重的农药滥用现象，使得太子参的抗病虫害能力，有效成分下降、农药残留量严重超标，重金属特别是铅含量超标。太子参生产基地应与科研单位、农林院校等部门联合形成研究小组，对太子参生产进行系统研究，如生产适宜区、适宜土壤、施肥技术、灌溉技术、有效成分动态积累、种质资源评价、无公害生产技术、生育规律调控机制，采收加工等关键环节进行技术攻关，并配套专项研究经费，系统研究以建立成熟的太子参种植/管理规范，为太子参产业的可持续发展奠定基础[109]。

1.3　知识产权专利导航分析

太子参产业专利导航分析以专利导航产业发展理念为指导，从全国和全球视野研究太子参产业发展的整体规律和方向，为柘荣县太子参产业实现优化发展提供科学决策依据；对以专利为主的信息进行检索分析，为柘荣县太子参企业增强技改创新能力、增强国内外市场竞争能力、加快专利运营转化能力、加强行业企业间合作能力、促进行业人才交流等提供支撑。柘荣太子参专利导航分析使用国家知识产权局专利数据库及多个国内外专利、非专利文献数据库（incoPat、Patentics等），结合IPC等专利文献分类体系，进行柘荣太子参产业的专利检索。

1.3.1　全国及柘荣县企业太子参专利的基本情况

国家知识产权局专利数据库，太子参专利申请量排名在前五位的省份分别是山东省（244项）、福建省（186项）、贵州省（156项）、江苏省（130项）和安徽省（125项），这五个省份的太子参专利申请量占全国太子参专利申请量的一半以上，同时这五个省份也分别是太子参种植主产区（图1-5）。

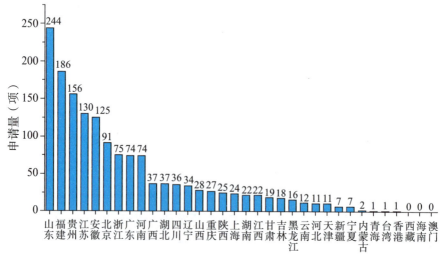

图1-5　太子参专利国内地域分布

柘荣县太子参产业相关专利共91件，涉及申请人福建省闽东力捷迅药业有限公司、福建贝迪药业有限公司、中食北山（福建）酒业有限公司、福建西岸生物科技有限公司、福建天人药业股份有限公司、福建柘参生物科技股份有限公司/福建柘参种业有限公司、宁德荣参达机械科技有限公司、福建海诚药业有限公司、宁德东狮山现代农业有限公司、宁德市鸿业农业综合开发有限公司、闽东制药厂、柘荣县森荣绿色食品有限公司，及个人杨素华、章可从、袁华等。

柘荣县太子参产业相关专利申请始于1992年，闽东制药厂申请了首件"太子参保健药品"；从2011年开始，柘荣县太子参产业相关专利申请呈现震荡中稳步提升的态势。

柘荣县太子参产业相关专利申请人排名前三名的依次为福建贝迪药业有限公司、福建天人药业股份有限公司、福建柘参生物科技股份有限公司。福建省闽东力捷迅药业有限公司也拥有一定量的专利储备。从申

第 1 章　太子参产业现状

请人类型分布来看，太子参产业相关专利主要掌握在企业手中 85 件。

1.3.2　基于专利导航分析的柘荣县太子参产业发展路径

为打造生物医药产业新高地，加快生物医药产业延链补链强链，柘荣相继出台《关于加快太子参产业发展的若干意见》（柘委〔2013〕69号）《柘荣县关于鼓励支持"柘荣太子参"科研及规范化种植的九条措施》《柘荣县促进生物与新医药产业发展的六条措施》（柘政综〔2022〕45号）等文件，鼓励县内 20 多家重点企业和近百家关联合作社投资中药材（太子参）种植、研发、销售，成功开发出以太子参为原料的系列产品。

五年规划是中国国民经济计划的重要部分，对国家重大建设项目、生产力分布和国民经济重要比例关系等作出规划，为国民经济发展远景规定目标和方向。"十二五"期间，柘荣县太子参产业相关技术专利授权有了飞跃性的增长，而"十三五"相对于"十二五"增量超过了 140%，"十四五"仍呈持续上升态势。

目前，柘荣县太子参产业中原料相关专利技术具有一定的储备，相对于全国原料总量而言，占比 16.1%，在中国省市排名中位居第一。其中，福建天人药业股份有限公司、福建贝迪药业有限公司、福建柘参生物科技股份有限公司、福建柘参种业有限公司均拥有 10 余项原料相关专利技术。

柘荣县太子参产业中应用相关专利技术始于 1992 年，其后出现断层，虽然福建贝迪药业有限公司拥有柘荣县一半以上的应用相关专利技术，且广泛涉猎动物食品、药物、保健食品等领域，但是目前从全国范围来看，柘荣县在数量上并不占优势，在中国省市排名中未能跻身前 10，且太子参日用品、化妆品和医用品方面的应用专利少有涉及。

柘荣县药业企业后续要努力克服困难，加大对道地药材太子参产业结构优化的力度。对于原料等优势领域，可进一步通过研发创新、专利布局、技术合作等手段予以巩固；而对于应用等劣势领域，则可视产业结构优化需求和区域资源约束条件，结合政策驱动、人才引进、对外合作等，创制并发展太子参深加工产品，提高太子参高附加值产品研发力度，拓展延伸太子参产业链，优化"地理标志产品＋龙头企业＋农户＋标准"的产业化经营模式，并重点做好柘荣太子参等地理标志产品品牌保护和利用，优化健全太子参知识产权保护链，从技术保护范围、专利类型、申请时机、保护地域等方面做好规划，加速构筑全球知识产权竞争优势。柘荣县药业企业和太子参协会在宁德市和柘荣县政府部门一如既往的支持下，共同推进闽东药城高质量发展，为太子参产业注入新活力。

此外，柘荣县政府部门可支持产业链各方、各类创新主体以专利为纽带，联合省内外相关企业、科研院所、高校，建立太子参产业知识产权联盟，构建产业专利池，集众之智、集众之力，引领国内外行业发展。

对于符合柘荣县太子参产业发展目标、具有创新实力、拥有核心专利技术的创新人才，柘荣县政府部门和太子参协会应当优先支持，鼓励域内创新人才向关键产业环节集聚，通过多层次的知识产权培训，培养和储备一批既懂产业又懂知识产权的综合性人才，同时，积极引进域外产业创新人才或与其开展合作。

1.4 柘荣县太子参产业现状

柘荣县素有"中国太子参之乡"的美誉，是福建省太子参品种区划的"最佳生产适宜区"、全国太子参主要集散地和全国最活跃的太子参产销区之一。

"柘荣太子参"是全国闻名的道地药材，具有色泽黄白、块根粗壮、气味浓厚、有效成分高、临床效果佳等优点，各主要中药材市场太子参价格以"柘荣太子参"价格为衡量标准，主导了国内药材市场太子参价格。

习近平总书记强调："农业出路在现代化，农业现代化关键在科技

第1章　太子参产业现状

进步。我们必须比以往任何时候都更加重视和依靠农业科技进步，走内涵式发展道路。"柘荣县加强与福建省农业科学院、福建农林大学、福建中医药大学、福建省中医药科学院、中科院上海药物研究所、厦门大学药学院、山东省医学科学院等省内外高等院校、科研院所进行"产、学、研"协作，整合各方优势资源，强化太子参基础性研究和研发成果的转化。鼓励县内企业与研发中心合作，设立国家中药材产业体系建瓯综合试验站柘荣太子参工作站等多个站点，提升县内企业新技术消化吸收、新产品研发能力。

在柘荣县历届党委、政府持续有效推动下，"柘荣太子参"产业逐步发展壮大。目前，已实现种植规模化、生产标准化、管理规范化、销售品牌化和加工产业化，并形成了从家庭药膳、中药饮片、中成药、保健食品到兽药；从片剂、胶囊剂到口服液等多元化、多层次的产业体系。

"柘荣太子参"先后获得中国首届农业博览会金奖、国家工商行政管理总局商标局产地证明商标，被认定为福建省著名商标和中国驰名商标，被列入国家地理标志产品保护，入选福建省"福九味"闽产药材品种名单和福建省十大公用区域品牌等。

目前，柘荣县内涉参药企10多家，涉参人口占全县的70%左右，全县从事太子参收购、销售的大小企业达百家，从事包括柘荣太子参在内的药材收购、药品营销的人员上千名。

1.4.1　柘荣种植太子参的历史沿革

太子参之名始见于清代吴仪洛《本草从新》，随后的《纲目拾遗》也有记载，所指均为五加科人参 *Panax ginseng* C. A. Mey. 之小者，并非本品。石竹科太子参入药始于何时尚不清楚，为石竹科植物孩儿参 *Pseudostellaria heterophylla* (Miq.) Pax ex Pax et Hoffm. 的干燥块根，是《中华人民共和国药典》收录品种。

柘荣县太子参种植历史可追溯到清代。据《柘荣县志》记载"清末"境内就有零星种植，主要用于儿童厌食、产妇补益。1961—1974年，县内的国营单位、农民个人陆续从江苏等地引种种植。20世纪80年代初，县委、县政府把太子参列为脱贫致富重要项目在全县推广，国家商业部也把柘荣县确定为全国太子参生产基地县。1988年全国中药材资源普查《福建省中药材资源普查资料汇编》把柘荣县列为太子参的最佳生长适宜区；柘荣产太子参参加1992年首届中国农业博览会并获金奖。2000年由福建省技术监督局批复建立"柘荣太子参"省农业产业化综合标准化示范区。2001年国家商标局授予了"柘荣太子参"产地证明商标。2002年"柘荣太子参"列入《福建中医药大典》"道地大宗药材"之列；2005年"柘荣太子参"获得福建省著名商标；2006年被认定为中国驰名商标；2007年国家质检总局正式批准对"柘荣太子参"实施地理标志产品保护；2012年柘荣县被正式任命名为"中国太子参之乡"；2018年柘荣太子参被评为福建省特色农产品优势区；2019年，城郊乡列入农业部"农业（太子参）产业强镇"示范建设项目、柘荣太子参列入国家特色种植产品目录；2021年柘荣县成功开展太子参太空诱变育种试验；2023年"柘荣太子参"入选农业农村部优势特色产业集群项目，福建省"福九味"中药材产业集群列入2023年农业农村部优势特色产业集群建设名单。"太子参连作介导土壤环境灾变机理与消减关键技术""闽产道地药材太子参质量控制关键技术及产业化应用""柘荣太子参GAP研究及标准化基地建设"分别获得2019、2021、2008年度福建省科学技术进步奖一等奖、二等奖、三等奖。

柘荣太子参产业发展大事记（表1-2）。

第1章　太子参产业现状

表1-2　柘荣太子参产业发展大事记

年份	大事记
清末	《柘荣县志》记载"清末，境内就有零星种植"
1950	柘荣县医药公司收购太子参量达200多吨
1963	太子参收入新中国成立后第一部《中华人民共和国药典》
1988	刘华轩先生所著《全国中药材资源分布》认定柘荣产太子参为主产质优。《福建省中药材资源普查资料汇编》把柘荣县列为太子参的最佳生产适宜区，国家商业部把柘荣县定为全国太子参生产基地
1992	柘荣太子参获首届中国农业博览会金奖
2001	"柘荣太子参"商标被国家工商行政管理总局商标局认定为产地证明商标
2002	"柘荣太子参"列入《福建中医药大典》"道地大宗药材"之列
2003	"柘参1号""柘参2号"认定通过福建省非主要农作物品种目录
2006	"柘荣太子参"商标被认定为中国驰名商标称号
2007	国家质检总局正式批准对"柘荣太子参"实施地理标志产品保护
2009	中国太子参之乡（柘荣县）入选万通卡杯·宁德十大城市名片
2011	国家药典委以柘荣太子参标准为主导修订了2010版《中国药典》太子参标准
2012	柘荣县被正式命名为"中国太子参之乡"
2016	"柘荣太子参"入选福建省"福九味"闽产药材品种名单
2018	柘荣县被评为福建省特色农产品优势区
2019	柘荣县城郊乡列入农业部"农业（太子参）产业强镇"示范建设项目，"太子参连作介导土壤环境灾变机理与消减关键技术"荣获二〇一九年度福建省科技进步奖一等奖
2020	柘荣太子参被授予2020福建省十大公用区域品牌称号
2021	"闽产道地药材太子参质量控制关键技术及产业化应用"荣获二〇二一年度福建省科学技术进步奖二等奖，柘荣太子参种子搭载神舟十二号飞船进行太空诱变育种试验
2022	"柘参4号"认定通过福建省非主要农作物品种目录、柘荣县在全国首发《"柘荣太子参"团体标准》
2023	福建省"福九味"中药材产业集群列入2023年农业农村部优势特色产业集群建设名单

1.4.2 柘荣太子参种植业发展现状

"柘荣太子参"产业是宁德市传统优势特色产业，也是柘荣县农业的特色主导产业，年产量长期占全国的50%以上。多年来，柘荣县为做实做强"柘荣太子参"一产，针对太子参产业发展关键技术研究，组织实施了《"柘荣太子参"GAP研究及示范》《太子参规范化种植研究》《太子参优良种质评选及质量控制关键技术》等国家级、省级重大科技专项，有效突破了良种繁育、规范种植、病害防治等技术难题，成功筛选出"柘参1号""柘参2号""柘参4号"及利用多倍体育种、脱毒技术与离体培养技术筛选出太子参抗病新品种等优势品种。近年来，柘荣太子参GAP基地通过国家食品药品监督管理总局认证，"柘荣太子参"GAP研究及示范和太子参规范化种植技术研究项目通过科技部验收。柘荣太子参国家级农业标准化示范区通过福建省专家组验收。柘荣太子参生产标准成为全国太子参生产的指导标准。柘荣县通过实施太子参规范化种植，科学合理调整太子参生产基地的布局，建立优良种繁育基地等措施确保柘荣太子参的品质与产量。全县太子参标准化种植面积比重近90%。太子参亩产量达到150千克，比国内其他产区高出30%。

1.4.2.1 特定的生态环境

柘荣位于福建东北部太姥山脉西北麓，介于东经119°44′~120°03′，北纬26°05′~27°20′之间，素有"闽浙咽喉"之称。柘荣县大部分海拔在350~1000 m，平均海拔在600 m，境内的东狮山海拔达1479 m，为闽东沿海第一重山脊的最高峰，森林覆盖率为68%，植被绿化程度达90%。柘荣县气候温和湿润，气温立体分布明显，雨量充沛，具有生产多种道地中药材特别是太子参的最佳生态条件。

1. 气候特点

柘荣县属中亚热带气候，年总积温5000~6500℃，多年平均无

第1章 太子参产业现状

霜期 233～253 天，年平均气温 13～18℃，1 月最冷，月平均气温为 5.0～7.5℃；7 月最热，月平均气温 23～27℃。35℃ 以上的酷暑极少见。太阳辐射 6.034～9.216 kcal/cm² 之间，年平均日照时数 1634.2～1736 h，多年无霜期长 233～253 天。比较相关资料，"柘荣太子参"的生育期（出苗至枯苗）较长，约 135 天，较其他产区可延长 10～15 天。充沛的温光条件有利于太子参中蛋白质、氨基酸和微量元素等成分的积累，形成太子参的优良品质。

柘荣县降水较充沛且降水日数多，基本无旱灾，暴雨日数极少，潮湿温暖，年降雨量 1600～2400 mm，为福建省多雨地区之一，平均相对湿度为 81%。3—4 月为春雨季，雨量占年总量的 16.5%，5—6 月为梅雨季，雨量占年总量的 26.3%，7—9 月为台风雷阵雨季，雨量占年总量的 41.3%，10 月至翌年 2 月为少雨季，雨量占年总量的 16.5%。因此降雨量丰富，自然降水即可满足柘荣太子参的生长需求，有利于参体的膨大饱满。柘荣县栽培区域各海拔高度太子参生长期平均气温见表 1-3。

表 1-3　柘荣县栽培区域各海拔高度太子参生长期平均气温　　　（℃）

海拔(m) \ 月份	全年	11	12	1	2	3	4	5	6
300	17.8	14.9	10.1	7.8	8.6	12.3	17.1	21	24.1
400	17.2	14.2	9.4	7.2	8	11.7	16.6	20.4	23.5
500	16.6	13.5	8.7	6.6	7.4	11.1	16.1	19.8	23
600	15.9	12.7	8.1	6	6.8	10.6	15	19.3	22.5
700	15.3	12	7.4	5.4	6.2	10	15.8	18.7	21.9
800	14.7	11.2	6.7	4.8	5.6	9.5	14.5	18.2	21.4
900	14.1	10.5	6.1	4.2	5.1	8.9	14	17.6	20.9

2. 产地环境

种植区域：柘荣县地貌类型多样，主要有中山、低山、高丘陵和山间盆谷。太子参栽培区域山峦起伏，山谷狭深，高差悬殊大，山地（中山和低山）占区域总面积的93.1%。太子参主要分布在海拔500～800 m的低山，约占区域种植面积的70%；其次为350～500 m的高丘陵，约占区域种植面积的20%；海拔600～800 m的山间盆谷约占区域种植面积的8%；其余分布在海拔800 m以上的中山。

土壤特点：区域栽培太子参的土壤有红土、黄泥土、水稻土等3个类型。红土和黄泥土属地带性土壤，红土分布在海拔800 m以下地带，黄泥土分布在海拔800 m以上的高上，在600～800 m之间有红土和黄泥土交替出现；水稻土为区域性土壤，分布一般不受海拔的限制，而与地形部位有关，主要分布在河谷平洋、山间谷地、山垅、山坡的中下部平缓而有水源处。红土和黄泥土，耕层厚度一般在15 cm以上，质地以中壤为主，酸性至微酸性，有机质含量中等，全氮缺乏的面积约占一半，全磷中等偏低，速效磷大部分缺乏，全钾中等，速效钾缺乏近一半；水稻土，耕层厚度一般在10 cm以上，质地以中壤为主，微酸性（pH 5.5～6.4），有机质含量中等，全氮含量中等（0.1%～0.15%），全磷中等偏低，速效磷缺乏的面积约占一半，全钾中等，速效钾大部分缺乏。作为区域太子参主要栽培土壤的红土类，其成土母质是红壤。红壤是在湿热的亚热带生物气候条件下，各种母岩经过脱硅富铝（铁、锰）化过程而形成的，因此，富含铁锰等微量元素，土层呈其氧化物的浅红、红或棕红色；在经过人工垦植熟化形成红土类后，仍保存了红壤母质的颜色和丰富的微量元素。因此，太子参种植在该土壤上，不仅表现在微量元素含量丰富，且外观色泽晶黄，正合乎商品上"以条粗，色黄白者为佳"的要求，体现了外观质量的"道地性"。

空气及水质：柘荣当地大气中二氧化硫含量日平均最高值为0.013 mg/m³，二氧化氮含量日平均最高值0.016 mg/m³，TSP含量日平均值0.12 mg/m³，空气质量达到《环境空气质量》（GB 3095—2012）一

第1章　太子参产业现状

级标准。灌溉水质量达到《农田灌溉水质标准》（GB 5084—2021）中的一级标准。

1.4.2.2　优质的品种资源

柘荣县太子参经长期栽培形成多种分化类型。自 1992 年起，柘荣县农业推广中心对全县所有分化类型进行普查、整理、筛选，筛选出"柘参 1 号"（图 1-6、图 1-7）和"柘参 2 号"（图 1-8、图 1-9）2 个品种，并于 2003 年经福建省非主要农作物品种认定委员会认定［闽农种（2004）25 号］，2022 年选育出太子参杂交新品种"柘参 4 号"（图 1-10、图 1-11），该品种是福建省认定的首批非主要农作物品种，"柘参 4 号"太子参新品种以柘荣太子参栽培品种"柘参 1 号"为母本，以江苏句容市太子参农家种"江苏种"为父本，通过杂交选育而成，具有产量高、块根大、商品性好、质量优的特点。另外，其他研究中的优质品种资源（如天抗系列脱毒种、农家种、太空辐射诱变种等 20 多个品种）在大田种植上也表现出很大的优势与潜力。

柘参 1 号、柘参 2 号具有全生育周期长、适应性强、产量高的特点。柘参 4 号具有产量高、块根大、商品性好、质量优的特点。

1.4.2.3　悠久的栽培历史

柘荣县太子参的种植历史可追溯到清代。据《柘荣县志》记载："清末，境内就有零星种植"，以采挖野生药材为主，种植为辅。1950 年，全县收购太子参近 200 吨，历时野生资源几乎全部采尽，为了维持生产种植，往后几年全依靠引种来种植。1975 年，推广太子参种植；1979 年全县种植面积 3540 亩，总产 230 吨，亩产 65 公斤。农民多在土质较松的山园或茶园套种。

基于太子参效能独特，入药则治病，作饮料服用则老幼皆宜，20 世纪 80 年代国家开展农村扶贫，柘荣县委县政府把太子参种植作为农民脱贫致富的重要项目进行全面推广。1985 年，柘荣县太子参种植面

图 1-6　柘参 1 号太子参叶片

图 1-7　柘参 1 号太子参植株

柘参 1 号的特点：植株高度 10～20 cm，顶生花多，闭锁花少，块根大，芽头白色，分叉少。

第1章 太子参产业现状

图1-8 柘参2号太子参叶片

图1-9 柘参2号太子参植株

柘参2号的特点：植株高度10 cm以下，顶生花大多退化，闭锁花少，块根小，芽头紫色，分叉多。

图 1-10　柘参 4 号太子参的花、茎、叶、种子

图 1-11　柘参 4 号太子参植株

柘参 4 号的特点：植株高度 8.5～13.0 cm，顶生花多，闭锁花少，芽浅黄色，顶部浅紫色，块根大，分叉少，浸出物高。

积 4704 亩。翌年因太子参价格下跌，种植面积锐减。1987 年以来，闽东制药厂、闽东第二制药厂等研制成功太子宝口服液、太子宝饮料、太子宝口嚼片、太子参精、太子参茶、童参蛋白香波、太子沐浴露、太子营养粉等产品，有效促进种植面积的扩大。1988 年，全国中药材资源普查，《福建省中药材资源普查资料汇编》把柘荣县列为太子参的最佳生长适宜区。《全国中药材资源分布》中认定柘荣主产太子参为全国同类产品中的优质产品。原国家商业部把柘荣县定为全国的太子参生产基地县。1990 年种植面积上升到 3972 亩，总产量 222 吨，亩产 56 公斤。随着 92 中国闽东·柘荣太子参交易会和全国首届太子参学术会议的举办，之后太子参种植面积稳步增长，传统种植技术也得到提高。1995 年，柘荣全县种植面积突破万亩。1997 年，全县太子参产量达 1124 吨。进入 21 世纪后，种植面积突破两万亩大关，并组织实施 GAP 生产。2000 年 4 月 4 日，福建省技术监督局批复建立"柘荣太子参"省农业产业化综合标准化示范区。2006 年，全县种植 3.2 万亩，产量 4900 吨。2020 年以来，面积稳定在 4.3 万亩左右。通过长期扶持培育，如今"柘荣太子参"已成为柘荣农业的支柱产业。

1.4.2.4　成熟的种植技术

2002 年，国家发布实施《中药材生产质量管理规范》（简称中药材 GAP）。柘荣县高度重视太子参产业规范化生产，随即开展柘荣太子参 GAP 基地建设与研究工作。通过不断探索实践，柘荣太子参 GAP 基地建设取得明显成效，建立了一整套标准体系（图 1-12）。

2003 年，柘荣太子参通过省级农业产业化综合标准化示范区验收，2005 年，柘荣太子参 GAP 基地通过国家食品药品监督局 GAP 认证中心专家组现场验收，2006 年，国家科技攻关项目"柘荣太子参 GAP 研究及标准化基地建设"通过验收。柘荣县的太子参生产操作规程（SOP），成为指导全国太子参生产的标准规范。

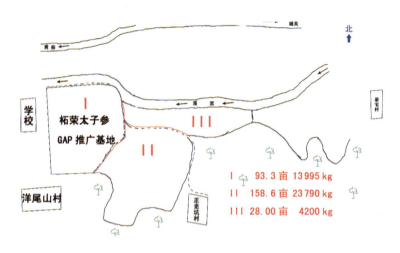

图 1-12　柘荣太子参 GAP 基地

宁德市力捷迅农垦高科有限公司 2005 年柘荣太子参 GAP 推广基地（富溪）。

　　柘荣县始终将良种良法技术创新、推广、应用作为基地发展的重要工作来抓，采取点面结合的方式，在各乡镇建立"柘荣太子参"标准化示范基地和推广基地，辐射带动全县农民进行标准化生产，以确保"柘荣太子参"产品的安全稳定高产优质。2010 年，柘荣太子参国家级农业标准化示范区通过验收。2019 年，柘荣县引进国家中药材产业体系福州综合试验站设立柘荣太子参工作站，开展太子参相关研究工作。2021 年 6 月，柘荣县召开 2021 年太子参品种选育、种参筛选和消毒及绿色防控技术培训现场会，邀请省农业科学院专家为参农、乡（镇）农技人员现场传授太子参种植相关技术。2022 年，柘荣县公开发布全国首个太子参团体标准——《"柘荣太子参"团体标准》；次年《"柘荣太子参生产技术规范"宁德市地方标准》发布。柘荣县太子参产业发展工作小组印发《柘荣县关于鼓励支持"柘荣太子参"科研及规范化种植的九条措施》，加强太子参的基础研究与学术研究，通过新技术提升太子参的产量和质量，推动太子参全产业链提档升级。目前，柘荣全县太子参标准化种植面积比重近 90%。

1.4.3 柘荣太子参加工业发展现状

1.4.3.1 中药饮片

太子参作为中药饮片管理使用，按《中国药典》标准以净制工艺为主，主要销往制剂企业、医院、药店、诊所等。通过对全国 18 个省 21 家医院 43 万多张汤剂处方的数据分析，确定了临床汤剂中最常用的 200 种中药饮片中，太子参名列前 20 名。

2023 年，全国首次中药饮片集采共纳入 21 种中药饮片，采购量 5233 吨，其中太子参 132 吨。目前，太子参全国年使用量约 6500 吨，其中，江中制药集团、张仲景药业、葵花药业等制药太子参年用量占比 50% 以上，中药材专业市场约占 20%，医药公司和药房饮片约占 15%。当前，柘荣县域太子参饮片企业主要集中在福建天人药业股份有限公司、福建海诚药业有限公司、福建柘参生物科技股份有限公司、福建时珍堂药业有限公司、新生命（福建）生物科技有限公司等。

1.4.3.2 中成药

太子参是多类中成药中的重要原材料，目前已开发的太子参产品有健胃消食片、复方太子参颗粒、肾衰宁胶囊、玉液消渴冲剂、维血宁、肝复康片、降糖甲胶囊、护肤品等 60 多个品种，涉及 320 多家药品生产企业。涵盖心脑血管、肺、肝、肾、脾、胃等脏腑及呼吸、消化、皮肤等多科用药，是治疗疑难杂症和慢性病的常用处方中药。

闽东力捷迅药业股份有限公司是目前柘荣县域内涉及含太子参中成药的生产和研发企业，该公司是福建省唯一拥有太子参中成药批件的企业，包括复方太子参颗粒（国药准字 B20020899）、复方太子参口服液（国药准字 B20020802）。

1.4.3.3 保健品

柘荣县的"中食北山酒业"研发的"十二时辰®太子参黄精酒"保

健食品，中食北山（福建）酒业有限公司在2020年3月正式取得批件，正式启动年产万吨生产线。这是柘荣首个，也是全国首个添加太子参的国产保健酒，对于推动太子参精深加工、完善太子参产业链条具有积极意义。太子参黄精酒投产后，每万吨"十二时辰®太子参黄精酒"将带动太子参600吨，黄精400吨，黄金糯10 000吨，将成为撬动乡村振兴的新杠杆。

1.4.3.4 兽药

中华人民共和国农业农村部根据《兽药管理条例》和《兽药注册办法》等有关规定，于2022年度批准福建贝迪药业有限公司等单位申报的"太子参须""太子参须散"为国家二类新兽药，新兽药证书号分别为"（2022）新兽药证字44号""（2022）新兽药证字45号"并就相关信息发布公告（中华人民共和国农业农村部公告第599号）。

柘荣县域辖区的福建贝迪药业有限公司依托柘荣太子参原产地的道地药材地理优势，历时逾7年完成了太子参须和太子参须散的科研攻关，顺利完成太子参须药品质量标准体系的建立，最终经过国家严格审评取得国家二类新兽药。该新兽药功能为补气健脾，增强机体免疫功能，用于增强免疫低下仔猪对猪瘟疫苗的免疫应答。太子参须国家级新兽药的成功开发填补了太子参在国内外兽药领域应用的空白，具有里程碑意义，同时在"十四五"现代化"减抗、无抗"养殖业可持续发展中发挥着积极作用，更为助推畜牧业绿色健康发展提供有力的技术保障和产品支撑。

1.4.4 柘荣太子参流通业发展现状

柘荣县高度重视中药材（太子参）市场开拓，通过政府搭台，先后举办中国·太子参交易会，中国太子参柘荣招商会、中国太子参·柘荣特色产业招商会、柘荣太子参产业暨生物医药产业招商推介会等活动，加强了药材种植户、经营者与国内知名制药企业的联系，进一步顺畅了流通渠道。

1991年，柘荣县兴建了太子参专业市场。2003年建成中国·太子参交易中心，与全国十多家药材专业市场建立了信息联系或设立经销点，专门从事药材收购，药品营销人员近千名，年中药材交易量达5000多吨，交易额近亿元，是闽浙重要药材集散地，已发展成为全国最大的太子参交易集散地。随着"柘荣太子参"产业规模不断扩大，2005年县委、县政府决定在原有的柘荣太子参专业市场的基础上，规划建设面向全国的、大型的以太子参交易为主的医药物流园区。园区规划占地总面积200亩，一期工程建设用地93.18亩，通过引进一批中药材（药品）批发经营企业落户物流园区，年中药材交易量达8000多吨，交易额近5亿元，形成较大的中药材集散地。2022年，柘荣县对医药物流园区进行改造升级，致力于建设集金融服务、物流配送于一体的复合型功能场所。

1.5 柘荣太子参一、二、三产业融合发展

柘荣县委、县政府针对太子参产业面临的形势和任务，确定下阶段发展的重点任务，促进柘荣太子参一、二、三产业融合发展。

推动一产提质，激发农民的积极性，确保生产高标准，打造品牌新形象，在质量上下好功夫，树好"柘荣太子参"的标杆；推动二产转型，强化园区建设，鼓励研究研发，引进龙头企业，积极培育太子参产业链市场主体，推动太子参加工业转型升级，提高产业效益和产品附加值，实现太子参资源高值化利用；推动三产萌发，要学先进、善谋划、抓项目，紧盯太子参三产破题，盯紧争先晋位目标，积极思考、主动探索太子参三产的发展方向，推动"医、药、养、文、康"融合发展，助力经济社会发展。

1.6　与国内重要产区对比，柘荣太子参的优势

1988年，全国中药材资源普查《福建省中药材资源普查资料汇编》把柘荣县列为太子参的最佳生长适宜区。1992年召开"92′中国闽东太子参交易会"和"全国首届太子参学术会议"，柘荣太子参参加1992年首届中国农业博览会并获金奖。2000年，由福建省技术监督局批复建立"柘荣太子参"省农业产业化综合标准化示范区。2001年，国家商标局授予了"柘荣太子参"产地证明商标。2002年，"柘荣太子参"列入《福建中医药大典》"道地大宗药材"之列；2005年，"柘荣太子参"获得福建省著名商标；2006年，被认定为中国驰名商标；2007年，国家质检总局正式批准"柘荣太子参"实施地理标志产品保护；2012年，柘荣县被正式任命名为"中国太子参之乡"；2018年，柘荣太子参被评为福建省特色农产品优势区；2019年，城郊乡列入农业部"农业（太子参）产业强镇"示范建设项目；2019年，柘荣太子参列入国家特色种植产品目录。2006年以来，全县种植近3万亩，产量约5000吨；2020年以来，面积稳定在4.3万亩左右。

贵州太子参的种植区域已发展到以施秉、黄平、凯里、余庆等地区为中心，辐射至遵义、安顺、黔南、黔西南、六盘水等地。贵州太子参于2005年通过国家食品药品监督管理总局的GAP认证，2012年，"施秉太子参"获国家地理标志产品保护，2021年"黄平太子参"获国家知识产权局地理标志证明商标注册保护。在科研人员与企业的共同努力下，贵州共选育认定了优良太子参品种3个,制定了贵州省地方标准6项。

第 2 章

柘荣太子参产业发展存在的问题及壁垒分析

2.1 现有柘荣太子参品种及其存在的问题

2.1.1 柘荣太子参品种

太子参是中医临床常用的中药，人工栽培资源已成为商品药材的主要来源。目前国内两大太子参产区分别在福建柘荣县和贵州施秉县，安徽宣城市、江苏句容市和山东临沭县有少量种植。

2003 年，柘荣县农业技术推广中心从当地农家太子参种群中筛选出并通过福建省非主要农作物认定委员会认定的太子参新品种"柘参 1 号"（闽认药 2003001）、"柘参 2 号"（闽认药 2003002），这些品种具有适应性强、产量高等特点。

太子参新品种——"柘参 4 号"（闽认药 2022001）以柘荣太子参栽培品种"柘参 1 号"为母本，以江苏句容市太子参农家种"江苏种"为父本，通过人工杂交选育而成，具有产量高、块根大、商品性好、质量优的特点。

"柘参 3 号"（闽认药 2014001）以柘参 1 号品种（二倍体）为材料，通过染色体加倍成四倍体选育而成。根据国家药监局、农业农村部、国家林草局、国家中医药局关于发布《中药材生产质量管理规范》（2022 年第 22 号）第三十六条的规定，中药材优良品种选育禁用人工干预产生的多倍体或者单倍体品种、种间杂交品种和转基因品种。"柘参 3 号"不可推广应用。

此外，太子参"神舟十二太空育种"尚在进行之中。根据国家药监局、农业农村部、国家林草局、国家中医药局关于发布《中药材生产质量管理规范》（2022 年第 22 号）第三十六条的规定，如需使用非传统习惯使用的种间嫁接材料、诱变品种（包括物理、化学、太空诱变等）和其他生物技术选育品种等，企业应当提供充分的风险评估和实验数据证明新品种安全、有效和质量可控。

2.1.2 不同产地太子参化学成分差异性与质量评价

国家发展和改革委员会和国家中医药管理局，2015 年启动国家标准化项目，福建西岸生物科技有限公司、福建中医药大学、福建省中医药科学院共同承担了"太子参标准化建设（ZYBZH-Y-FJ-08）"的任务。课题组前往福建柘荣、贵州施秉、安徽宣城、江苏句容和山东临沭，五个太子参种植产地，收集样品近百批。发现不同产地、同一产地不同批次的太子参多糖、脂肪酸成分相对稳定，但太子参中环肽的种类和含量差异很大。已发现太子参中含有 19 种环肽化合物。但不同产地太子参由于种质资源多样性及气候因子的不同，所含环肽的种类以及含量有较大差异。Pseudostellarin B、Pseudostellarin F 和 Pseudostellarin D 的相对含量以福建柘荣种源太子参（柘参 1 号和柘参 2 号）较高，但 Heterophyllin B 含量较低，而其他产地太子参中的 Heterophyllin B 含量较高。

环肽是太子参的特异性化学成分，也是太子参的功效成分。从特异性和活性的角度考虑，如果以环肽作为含量测定指标，方法的选择性更好、特异性更强。但国内学者研究表明，种质资源的遗传多样性与太子参环肽种类和含量密切相关，气候因子影响太子参药材中环肽类物质的积累，所以用简单的一两种环肽，进行含量测定，并不能客观评价全国不同产地太子参的质量，有很大的局限性。

2.2 太子参种植存在的问题

柘荣县在太子参种参提纯复壮技术、后期产品研发、市场流通及发展平台建设等方面的工作取得显著的成绩。太子参种植面积虽逐年扩大，但主要靠农户的零星种植为主，较为分散不易管理，且太子参标准化种植意识淡薄，在管理和制度方面还存在一些问题。柘荣县太子参产业发展的重点在于完善种植管理体系，加强太子参种苗质量控制，建设太子参优质生产基地，培育优质太子参品牌，大力推动太子参中药质量提升和产业高质量发展。

太子参种植方面存在的问题：①种源混乱，缺乏优良品种。药农盲目引种、换种等行为极为普遍，致使栽培太子参种源混杂；根据研究，栽培太子参仍具有丰富的遗传多样性，不同种源在太子参环肽B、多糖等的含量方面均存在差异；种源上的混乱和差异，必然导致药材质量的差异，以及产量的不稳定。②种植模式单一，病虫害严重。太子参的种参多年无性繁殖，染毒退化，常年在同一地块上植参，连作障碍突出，致使病毒病、叶斑病、白绢病、紫纹羽病和根腐病等频繁发生，严重影响产量和质量。③种植面积无序增减。价格高时，无序增加面积和投入，造成来年供过于求或者价格低时，急剧减少种植，又造成来年供不应求的恶性循环。④农业机械化程度低，缺少专业的农机服务组织，人工用量大导致生产成本居高不下，且当地严重缺少农业劳动力。

2.2.1 连作障碍

连作障碍是指同一作物或近缘作物连作以后，即使在正常管理的情况下，也会产生产量降低、品质变劣、生长状况变差的现象。其危害性表现在以下4个方面：①病虫害加重；②土壤次生盐渍化及酸化；③植物自毒物质的积累；④元素平衡破坏。产生连作障碍的原因主要表现在以下 5 个方面：①土壤的营养成分的变化；②土壤微生物区系的变化；③植物自毒物质的作用；④土壤理化性状恶化；⑤土壤反应异常。连作障碍问题长久以来影响着我国农业和中药产业的发展，特别是以块根入药的中药材种植。70%左右以块根入药的药用植物在人工集约化种植过程中都有严重的连作障碍问题。

太子参也存在严重的连作障碍现象，药农们发现随着太子参种植年限的延长出现了长势变弱、病害加重、产量及品质严重下降，块根的经济价值越来越差等连作障碍现象，造成很大的经济损失。连作障碍已成为限制太子参产业可持续发展的瓶颈问题，解决连作障碍问题成为太子参产业化发展的重中之重。

针对太子参连作障碍问题的研究表明，根系分泌物介导的土壤微生物区系偏移、土壤酸化、营养封存、病原菌增多有益菌减少是连作障碍的主要原因；连作土壤中太子参化感自毒物质的积累是引起太子参自毒、导致太子参连作障碍的主要诱因。连作导致太子参的存苗率降低，叶绿素含量降低，光合作用减弱，生物量降低；太子参叶片保护酶SOD 活性增强，进而提高太子参植株抗逆性，MDA 含量升高，膜脂化程度加剧、可溶性糖和游离脯氨酸含量升高，植株生理代谢紊乱，阻碍了太子参的生长发育。因此，太子参连作障碍与其产生的化感自毒物质密切相关。

化感自毒物质是植物残体与病原微生物或根系分泌物分泌的次生代谢产物，随着连作年限的增长，这些次生代谢物在植物根际区不断累积，从而改变了土壤的营养成分、物理化学性状，也改变了土壤的微生物区系环境，进而影响了植物吸收和新陈代谢的能力，最终导致植物化感自毒作用的发生。

总之，连作障碍与自毒效应相互影响，相互联系。自毒物质是产生连作障碍的原因之一，这在中草药生产上已普遍存在和认可，连作年限

第 2 章 柘荣太子参产业发展存在的问题及壁垒分析

的增加，植物体内的次生代谢产物的累积使自毒作用的发生更加厉害。

采用休耕、轮作的耕作制度是避免连作障碍的有效措施。利用微生物菌肥调控作物土壤环境的方法具有经济高效、环境友好等优势，在连作障碍土壤修复和病虫害防治中也能起重要作用。

2.2.2 主要病害

随着人工种植面积逐年扩大，太子参病害越发严重，目前已报道的太子参主要病害有叶斑病、病毒病、根腐病、白绢病、紫纹羽病等。

2.2.2.1 叶斑病

太子参叶斑病的发生极为普遍，发病初期表现为中央浅白色、边缘淡黄色的水渍状病斑；随后叶斑缓慢扩大成圆形灰白色小枯斑，周围黄晕；随着病斑扩大，长出黑色小点，排列成轮纹状；发病后期病斑颜色逐渐变为浅褐色或深褐色，几个小病斑合成不规则大斑，致使整张叶片干枯、腐烂，导致整株枯死并造成大面积传染。太子参叶斑病发生严重时，田间病株率达 80% 以上，产量损失 50% 以上，严重影响太子参的品质和产量，给种植户造成较大的经济损失。

叶斑病主要病原菌为茎点霉菌（*Phoma* sp.）、斑点叶点霉（*Phylosticta commonsii*）、壳针孢属（*Septoria* sp.）、壳二孢属（*Ascochyta versabilis*）和细极链格孢（*Alteraria tenuissima*）。太子参感病初期，叶片感病部位呈现中央白色、边缘浅黄色的黄晕斑，水渍状，随着感病时间延长、病斑逐渐扩大形成黄褐色的枯斑，感病后期病斑呈轮纹状，上着生黑色小点，为其分生孢子器，严重时导致整株叶片枯死。

太子参种植区的叶斑病发病率呈逐年增高趋势，经田间调查总结可能的原因：①由于种植年限的增加，使得病原物长期积累，病害极易发生；②田间病株未及时清除导致大面积传染发病；③高温、高湿天气适宜病原菌的生长，进而加重了病害的发生。因此，在防治过程中应将农业防治与药剂防治相结合，适时轮作、及时清理田间病株、轮换用药等手段均能有效降低叶斑病的发生率。目前对于太子参叶斑病病害防治主要以化学药剂防治为主，可选用 10% 苯醚甲环唑 1000～1500 倍液，70% 代森锰锌 400 倍液或 25% 咪鲜胺 1500 倍液等连续喷 2～3 次，间隔 7～10 天，开展田间防治。

2.2.2.2 病毒病

病毒病是危害太子参的主要病害之一，常造成减产 11%～32%，一般 2 月下旬至 3 月上旬开始出现症状，随着植株生长症状更为明显，呈现出植株比正常株矮小，伴有叶片花叶、驳斑，有的皱缩畸形，部分叶呈现黄色环斑和叶缘卷曲。研究表明，贵州、山东、江苏等太子参产区普遍发生病毒病，为害严重，导致减产 20%～40%，太子参病毒病的病原鉴定分析显示有芜菁花叶病毒（TuMV）、蚕豆萎蔫病毒（BBWV）、烟草花叶病毒（TMV）和黄瓜花叶病毒（CMV）4 种病毒，以 TuMV 分布最广、为害最重，且常出现多种病毒复合感染。

种参带毒是病毒病远程传播的主要途径，近距离（田间内植株）依靠带毒桃蚜、豆蚜（非持久性方式）传播。连作、田间失管、长势差的田块病毒病发病重。种参播种前用 45℃ 温水浸泡 10～12min，或用咪鲜胺 1500 倍液浸泡消毒；发病季节（3—4 月），可用 20% 病毒灵 500 倍或阿泰灵（6% 寡糖·链蛋白可湿性粉剂）兑水（1∶1）（75～100g/666.67 m^2）喷雾叶面，连续 2～3 次，间隔 7～10 d。

种子种苗的质量决定药材品质的优劣。太子参长时间采用块根繁殖导致病毒积累，种质退化严重，而目前尚未有对症药物防治。种参脱毒可以从源头防控种参带毒，是提高种参质量的关键技术。但该技术迄今尚不成熟，因此，还需要进一步开展太子参脱病毒种苗生产技术的熟化研发，以期从源头防控种参带毒以提高种参质量。

2.2.2.3 根腐病

太子参根腐病的病原菌为尖孢镰刀菌（*Fusarium Oxysporum*）。表现症状：6月中旬，太子参茎部及叶片发黄枯死，太子参进入休眠期。如土壤潮湿透气性不好，3天后少数块根由于下部受虫伤或其他原因造成伤口的，则从伤口处逐渐腐烂，须根着生处先腐烂成眼点状，随后整个块根腐烂。研究表明，太子参种植年限的延长会使土壤中的真菌、细菌、放线菌数发生显著的变化，连作还会增加太子参根际尖孢镰刀菌数量，从而导致根腐病的发生，这会对太子参产业的可持续发展造成巨大的危害。

造成太子参根部病害频发的原因较多，有连作因素、种根带病、肥料供应不足及病残体带菌等。太子参根腐病具有发生严重、速度快的特点，一经发现就很难控制，所以，对太子参根腐病的防治应考虑综合治理措施：①太子参种植的最适pH为6～6.5，应选择肥沃的壤土或是砂壤土种植，要求地势平坦不易积水。地势低洼的地块容易积水致使太子参根腐病发病严重；②太子参的种植密度以10 cm×25 cm为最佳，此种植密度下太子参的发病率最低；氮、磷和钾肥最佳施用量为：N 75 kg/hm^2、P$_2$O$_5$ 90 kg/hm^{2}和K$_2$O 120 kg/hm^2；③根腐病发病期为4—7月，可采用2.5%恶霉灵1500倍液浇灌防治。

2.2.2.4 白绢病

太子参白绢病是一种可造成严重产量损失的土传病害，研究者认为该病致病菌为罗耳阿太菌（*Athelia rolfsii*）。白绢病发病前期，植株地上部根部周围的土壤表面呈现白色菌丝，茎基部皮层腐烂，植株萎蔫，在潮湿环境下该病害尤为严重。发病中期，根块及土表密生大量白色绢状菌丝，菌丝体呈辐射状扩展，环绕整个块根，发病后期，在块根或土壤表层形成菌核，菌核初为白色，渐变为米黄色至棕褐色，最终块根完全腐烂。

传播途径与发病条件：以菌核或菌丝体在土壤、种参、病残体或杂草上越冬。菌核可随水流、病土或混在种参中传播。翌春条件适宜，菌丝迅速生长，沿土壤间隙蔓延，为害附近植株，进行再次侵染。带病种参栽种后，陆续引起发病。该菌喜高温、高湿，一般以 30℃ 为适温，5 月上中旬始发，6 月为发病盛期，地势低洼、排水不良、土壤湿度大、日照不足的地块发病重，时晴时雨、高温高湿易引起该病大流行。

白绢病主要危害太子参的块根与茎基部，温暖潮湿的 4—7 月为发病高峰期。该病原菌适应性强，当环境不利于菌丝生长时，病菌会生成菌核，渡过不良环境，便于长期在土壤中存活，条件成熟时引起太子参发病。因此，及时清除病株，冬季翻田清园，选用无病种参，开展种参消毒等防控措施很重要。播种前用 45℃ 温水浸泡种参 10～12 min，或用咪鲜胺 1500 倍液浸泡种参消毒。

2.2.2.5 紫纹羽病

太子参紫纹羽病发生于太子参生长中后期，主要危害块根及根系，紫红色菌丝在块根表面纵横交织成网状菌索，在根部表面形成丝绒状或网状的紫红色菌膜。感病部位位于地下，不易被观察、发现以及防治，严重影响太子参的产量，病害严重的地块甚至绝收；发病严重的地块，其块根周围可见大小不一的菌核，形状不规则且易碎，染病块根表面形成紫红色菌丝并结成根状菌索，这些菌索纵横交织成网状，后在根部表面形成丝绒状或网状的紫红色菌膜，从一处向四周扩展，根部被菌丝缠满后，失去光泽逐渐变成黑褐色随即腐烂。发病初期地上部症状不明显，随着病情发展，植株叶片生长缓慢变细小，呈现黄化，下部叶早脱落，叶梢或细小枝枯死，严重时地上部倒伏腐烂死亡。

引起该病的病原菌被认为是 *Helicobasidium* sp.，属担子菌亚门卷担菌属真菌。防治方法：将菌肥、木霉菌、枯草芽孢杆菌等作为底肥施用或者在 4—5 月进行灌根。化学防治可在 4—6 月采用 10% 苯醚甲环唑 1000～1500 倍液，70% 代森锰锌 400 倍液或 25% 咪鲜胺 1500 倍液等连续喷 2～3 次，间隔 7～10 d。

2.2.2.6 立枯病

该病常见苗期发生，可引起死苗缺株。叶上呈椭圆形水渍状病斑、后呈淡褐色，逐渐由叶缘向中央扩展，扩大后呈云纹状大型病斑，出现软化腐烂。幼茎基部染病后出现褐色水渍状病斑，后沿茎部维管束上下延伸，形成褐色梭形或长条形病斑，常造成部分枝叶枯萎，后期病斑变褐色缢缩凹陷，严重时病株倒伏枯死。引起该病的病原为 *Rhizoctonia solani*，属半知菌亚门丝核菌属立枯丝核菌，也有报道另一致病菌为 *Alternaria alternata*，属半知菌亚门链格孢属的链格孢菌。传播途径和发病条件：立枯病菌以菌丝体和菌核在土中越冬，可在土中存活 2~3 年，病菌发育适温为 20~24℃，苗温过高，水分多、湿度大，施用未腐熟有机肥，播种过密徒长等均易诱发该病，早春阴雨高温有利发病。幼苗出土后开始发病，3 月下旬至 4 月上旬为发病高峰期，以后逐渐减轻。土质黏重，排水不良，发病较重。

2.2.2.7 酸腐病

酸腐病是造成太子参块根腐烂且伴有发酵酸味的一种病害。该病害在雨天扩展迅速，特别是积水田块发病严重，且呈逐年加重趋势，可导致产量减少 10%~50%。该病害与已报道的由尖孢镰刀菌引起的太子参根部腐烂病害不同之处在于，前者呈湿腐状，而后者呈干腐状。

白地霉（*Geotrichum Candidum*）被研究人员确定为引起太子参酸腐病的病原菌，可造成块根腐烂，多发生在商品参和种参收获的夏秋季，此阶段的温湿度有利于该病原菌的生长与繁殖。因此，收获季要及时采挖或做好避雨措施，以免减少产量损失。商品参采收后要及时烘干或晒干，种参采后至播种期间要消毒和通风保存，避免贮藏期发病。

2.2.3 主要虫害

太子参虫害主要有白蚂蚁、蛴螬、蝼蛄、地老虎、金针虫等地下害虫，以咬食块根或根茎，尤其在块根膨大、地上部即将枯萎时危害最为严重。防治方法：可用 0.36% 苦参碱 1000 倍液灌根或用 80% 敌百虫可溶性粉剂和 25% 西维因可湿性粉剂拌入 50 kg 炒香的饵料（麦麸、米糠等）制成毒饵，下午 18：00-19：00 均匀撒于畦面诱杀。

2.2.4 种植机械及效益

太子参种植主要以芽头良好的块根为种根，在秋末整地做畦挖浅沟，施放底肥，摆放种根，覆土，来年参苗出土后的 3—4 月进行 1～2 次中耕除草、追肥，至 7—8 月倒苗后采挖，经过净选、清洗和晒干或烘干，即可成为商品参。据调查，柘荣县太子参种植成本中农资、肥料成本为 1200～1500 元/亩，种参用量为 30～35 kg/亩，种参成本为 1800～2100 元/亩（按 2022 年种参价值计算），其余为人工成本，约为 6000 元/亩，人工成本在太子参种植成本中占比达到三分之二强，柘荣当地大多数年轻劳动力外出务工，用工季节存在劳动力严重不足的问题，能否实现用农业机械代替人工，是当地太子参种植业能否持续的决定性问题。

太子参种植过程主要用工环节：播种前整地、播种、中耕除草、植保防护、采挖收获。目前，播种前整地环节中，微耕机、旋耕机等小型农业机械被较广泛使用，主要是因为这类小型农机价格便宜，且操作简单，使用方便，能有效降低劳动强度并显著提高效率，农户容易接受并使用。太子参种植的其余环节大多仍采用人工操作，其主要原因：①参农土地分散，地块面积小，山坡梯田坡度大，农业机械使用不便；②部分农业机械采购成本高，农户种植规模小，采购成本压力大；③部分农业机械要求对操作人员进行培训，专业性要求较强，当地农户文化水平普遍较低，不易掌握；④目前，部分农业机械本身技术不够成熟，性能达不到农户要求，如柘荣当地土壤较为黏重，目前推广使用的振动式采挖机械使用时土壤易粘结在块根上，反而使采收的块根更难清洗，采收效果差而被弃用；⑤当地没有或缺少专业化的农机服务机构，服务的项目不能覆盖到太子参种植的全生育期,或服务范围不能覆盖到普通的小规模种植户。

主要对策:①利用基本农田改造项目资金对农田进行平整,小块土块进行合并,修建农机通道;②引导小规模种植户抱团取暖,成立合作社,将种植规模做大,鼓励采用"公司+基地+农户"等形式,合作共建太子参规范化种植基地,大力推广太子参种植 SOP 规程,建成太子参 GAP 种植中心示范基地,以点带面推动标准化种植,力争全县太子参标准化种植面积比重达 80% 以上;③帮助大的种植户或合作社实现土地流转,实现连片种植,便于农业机械化操作,比如植保无人机作业;④鼓励农业机械制造商或种植规模较大的企业研发制造适合柘荣当地使用的农用机械,比如适合柘荣土质的采挖机械;⑤政策可利用政策补贴资金扶持当地的农机服务专业合作社或企业做大做强,实现太子参种植全生育期覆盖及服务覆盖到中、小规模太子参种植户;⑥要在全县推广普及规范化生产流通操作规程,规范化种植太子参,科学合理调整太子参生产基地的布局,建立优良种繁育基地等措施,确保柘荣太子参的品质与产量,进一步提高太子参亩产量,促使农民收入的增加;⑦强化种植基地管理,建立起产、购、销环节质量安全可追溯体系,确保从源头把好质量关。对太子参生产、经营、使用实施全过程监管,进一步规范柘荣太子参采收、加工、包装、存储等环节,强化柘荣太子参在行业质量标准中的主导地位,打造"三无一全"品牌,推广 GAP 生产技术,推进柘荣太子参品牌化、集约化、产业化发展,从而实现太子参有序生产。

2.3 太子参开发利用存在的问题

2.3.1 新产品研发短板

随着现代科技的快速发展,国内外学者对太子参开展了大量关于药理药化、功效成分等方面的研究,表明其在现代医疗、保健食品、兽药饲料和化妆品等领域具有应用价值。但是我国及本省太子参产品存在深加工科研和产业化滞后、深加工的技术含量比较低、新产品研发速度缓慢、产品缺乏竞争力和市场推广的力度不够等问题，并没有形成独具特色的产业化体系。

下一步，应对太子参经典方和经验方进行梳理和挖掘，研究太子参与其他中药的配伍，并针对特定活性成分群开展靶向提取，突出太子参功效；精准市场定位，研发太子参精深加工产品，促进太子参产品换代升级；延伸产业链，提升附加值，补齐太子参产品研发的短板。

2.3.2 保健品获批不易

中国保健品市场规模持续增长。2020 年，新冠疫情的突然暴发让消费者深刻意识到健康的重要性，这大大推动了保健品行业的发展，保健品市场规模高达 2503 亿元，同比增长 12%。中国消费者在保健食品消费理念和消费意愿上都发生了根本性的转变，保健食品在消费属性上将逐渐从可选消费品向必选消费品转变，保健食品也正逐步从高端消费品、礼品转变为膳食营养补充的必选品。这些因素都将推动中国保健品整体市场规模的壮大。

2008 年至今，保健品行业处于监管加强期。政府监督部门加强了对保健食品"注册＋备案"制度双轨并行的执行力度，严格医保刷卡类目，同时停止发放直销牌照。随着对保健品行业监管政策的逐渐完善，市场监管将更加严格，行业的长期可持续规范发展指日可待。

注册申请保健品应具有充足的科学依据，要对产品的安全性、保健功能、质量可控性进行研究论证，根据研发结果综合确定产品的技术要求。具体内容包括原辅料安全性研究、产品的安全性论证、产品的保健功能论证、生产工艺研究、产品技术要求研究、产品稳定性考察等方面。

2.3.3 饮片规模较小及智能化生产发展缓慢

摄像头、传感器、报警系统等智能化技术已融入中药种植和加工的多个流程。在药材的炮制加工阶段,烘烤、干燥、切制、包装这一系列流程基本实现了机器自动化生产加工,如果相应指标不达标,机器会发出提醒,大大提高了生产效率和生产的标准化。智能化成为未来饮片生产发展的必然方向。

目前,柘荣太子参饮片的生产规模较小,饮片加工过程及工艺条件还处在较为原始的状态:手工拣选,择净杂质及残留;太子参置于不锈钢洗药机,洗净灰粉泥沙、砂粒;电热烘干或自然晒干。

2.4 柘荣太子参产业壁垒分析

2.4.1 行业技术壁垒

目前,柘荣县太子参产业发展中的问题,如种源遗传基因缺失;田间栽培管理粗放,病虫害频发;产地初加工简陋,后期产品精加工工艺落后;仓储与市场交易模式与时代严重脱节;太子参市场销售渠道较为局限,太子参市场抗风险能力较差等。应加强政府引领和顶层设计,充分利用各类涉农财政资金,加大投入;建设良种繁育基地,真正满足参农种植需求,建立良种质量评价体系。

2.4.2 人才壁垒

伴随着太子参产业飞速发展的同时,在先进种植技术、优良品种选育、质量鉴定等方面的问题也日趋严峻,亟需相关专业的人才支撑。为适应中药材产业发展,培养既懂药用植物栽培技术,又懂中药材品质鉴定和初加工等理论与技术相融合的新型复合型人才,全国各大中医药院校相继开设了中草药栽培与鉴定专业。

柘荣县以及相关企业应探索引进人才和留住人才的政策、办法、模式和措施,启动人才振兴工程,突出加强人才引进、培养、使用和激励机制,为太子参产业发展构建人才支撑体系,提供人力资源保障。

县政府应把人才工作作为全面贯彻党的二十大精神的重要工作,就是把扶贫同扶志、扶智相结合，外部引进与本土培养相结合，解决当前急需和服务长远发展相结合，增强内生动力和可持续发展能力，以人才振兴推动发展振兴。2023—2025 年，人才振兴工程具体包括人才培训、人才招引、人才援助和人才稳定四大任务，建立一支数量保证、结构合理、基本适应太子参产业发展需要的人才队伍。

人才培训工程：主要聚焦种植技术乡土人才素质提升。县里或企业设立专项基金，对参加短期培训班、专业技术进修、网络远程教育等方式的人员，报销学费及差旅费，实现"一村一名农技员"和"一户一名技术能手"乡土人才素质提升的目标。

人才招引工程：引导大学生向县域地区流动是实施人才招引工程的重要方向。建议成立太子参产业研究院，招收大学毕业生、硕士、博士研究生，硕博研究生列入全额财供事业编制，研究室或研究所设立在企业或乡镇即人才服务的对象是企业或乡镇；根据紧缺急需专业、学历层次等条件，确定目标任务、签订技术服务合同，给予相应的人才生活补贴和住房补贴，推荐配偶就业，解决子女入学等问题。

人才援助工程：县政府相关职能部门，应制定人才援助计划，积极联系省内外太子参研发相关领域专家和技术人员服务基层，开展科技特派员、农业科技人员进乡村等行动，实行人才结对帮扶、点对点技术指导、组团式咨询服务。

人才稳定工程：为保证更多人才安心扎根柘荣县，实施人才稳定工程。要保障待遇留住人才，严格政策稳定人才。专业技术人才在本县的工作经历和业绩贡献可作为其职称晋升、岗位聘用、评优评先、提高待遇等方面的重要依据，同等条件下优先考虑对长期在基层一线工作且作出重要贡献的，可破格晋升职称等级。

柘荣县委、县政府高度重视人才工作，始终把人才作为推动发展的第一资源，突出县域资源禀赋优势，大力实施人才强县战略，树立"服

第 2 章　柘荣太子参产业发展存在的问题及壁垒分析

务发展、服务企业、服务人才"的"三服务"理念，坚持政府引导和发挥企业主体作用相结合，完善引才、用才、留才政策机制，集中力量培养和引进生物医药产业领域领军人才和团队，量身制定"引才"政策，打造药城核心竞争力。相继制定出台《关于扶持生物医药产业发展的若干意见》《关于实施"东狮山人才计划"的意见》《柘荣县建设闽东药城人才高地的九条措施》《生物医药产业人才创业创新奖励》《关于进一步支持生物医药产业人才引进和培养的若干措施》等文件，为药企引才量身打造扶持政策。

为确保柘荣县人才振兴工程顺利实施，我县将强化组织保障，建立健全鼓励当地人才干事创业的激励考核机制；工程进展和成效将纳入相关部门绩效目标考核及人才工作目标责任制考核范围，对工作不力、不能如期达到人才振兴工程阶段性目标的，将严肃问责。

2.4.3 产品壁垒

太子参的特点是药性十分平稳，既能益气，又能养阴，补中兼清，适合慢性病患者长期服用，尤其适合脾胃虚弱，虚不受补者；另外，气阴不足而又血压偏高之人使用太子参不用担心血压升高；青壮年患者服用太子参不用担心引发上火；儿童服用太子参没有引发早熟之嫌。因此，太子参特别适宜婴、幼、孩的人群食用。

2.4.3.1 太子参中成药

（1）仲景牌太子金颗粒（国药准字 B20110001）：仲景宛西制药股份有限公司独家生产，由太子参、枳实（炒）、砂仁、鸡内金（醋制）、山楂（炒焦）、鳖甲（醋制）、穿山甲（制）组成。健脾和胃，消积增食。用于小儿乳食内滞所致的厌食，消化不良，脘腹胀满，面色无华，形体消瘦，大便失调的辅助治疗。

（2）健胃消食片：国内共有 10 家企业注册生产，由太子参、陈皮、山药、炒麦芽、山楂组成。健胃消食，用于脾胃虚弱所致的食积，症见不思饮食、嗳腐酸臭、脘腹胀满；消化不良见上述证候者。

（3）宝儿康糖浆：国内共有两家企业注册生产，由太子参、茯苓、薏苡仁、白术（炒）、白扁豆（炒）、甘草（炙）、芡实、北沙参、山楂、陈皮、山药、麦芽（炒）、石菖蒲、莲子组成。补气健脾，开胃消食，渗湿，止泻。用于小儿脾胃虚弱，消化不良，食欲不振，大便稀溏，精神困倦。

（4）儿宝膏：国内共有 6 家企业注册生产，由太子参、山药、白扁豆（炒）、茯苓、北沙参、麦冬、山楂（炒）、麦芽（炒）、陈皮、葛根（煨）、白芍（炒）组成。健脾益气，生津开胃。用于小儿面黄体弱，纳呆厌食、脾虚久泻，精神不振，口干燥渴，盗汗。

（5）小儿康颗粒：国内共有 3 家企业注册生产，由太子参、葫芦茶、山楂、乌梅、蝉蜕、白芍、麦芽、榧子、槟榔、陈皮、茯苓、白术组成。健脾开胃，消食导滞，驱虫止痛，安神定惊。用于食滞虫痢。烦躁不安，精神疲倦，脘腹胀满，面色萎黄。

（6）复方太子参颗粒 / 口服液（国药准字 B20020899/ 国药准字 B20020802）：福建省闽东力捷迅药业股份有限公司独家生产，由太子参、灵芝、茯苓、山楂、麦芽、稻芽、硫酸锌、葡萄糖酸钙、枸橼酸铁铵组成。益气生津，健脾消食。适用于小儿气阴两虚的厌食、久病体弱、盗汗、泄泻及缺铁性贫血。

（7）乐儿康糖浆：国内共有 3 家企业注册生产，由太子参、党参、黄芪、茯苓、山药、薏苡仁、麦冬、制何首乌、大枣、焦山楂、炒麦芽、陈皮、桑枝组成。益气健脾，和中开胃。用于脾胃气虚所致的食欲不振、面黄、身瘦；厌食症、营养不良症见上述证候者。

（8）稚儿灵颗粒：国内共有 7 家企业注册生产，由太子参、党参、南沙参、地黄、制何首乌、白术（麸炒）、当归、白芍（麸炒）、黑大豆、木香、白扁豆、山药、仙鹤草、功劳叶、茯苓、五味子（制）、石

第 2 章 柘荣太子参产业发展存在的问题及壁垒分析

菖蒲、浮小麦、甘草（蜜炙）、牡蛎、牡蛎（煅）、陈皮、远志（制）、大枣组成。益气健脾，补脑强身。用于小儿厌食，面黄体弱，夜寝不宁，睡后盗汗等症。

（9）渴乐宁胶囊（国药准字 Z10930007）：威海华洋药业有限公司独家注册生产，由黄芪、黄精（酒炙）、地黄、太子参、天花粉组成。益气养阴生津。适用于气阴两虚型消渴病（非胰岛素依赖型糖尿病），症见口渴多饮，五心烦热，乏力多汗，心慌气短等。

（10）玉液消渴颗粒：国内共有 26 家企业注册生产，由黄芪、葛根、山药、知母、天花粉、鸡内金、五味子、太子参组成。益气滋阴，用于糖尿病消渴乏力，口渴多饮，多尿症。

上述太子参中成药，其功能主治主要涉及小儿消化不良、食欲不振、体弱倦怠等；用于糖尿病治疗，缓解乏力多汗、心慌气短、口渴多饮等症状；存在产品结构单一、科技含量不高、临床疗效证据不全等问题。复方太子参颗粒和复方太子参口服液是福建省闽东力捷迅药业有限公司的明星产品，也是福建省仅有的两个药品文号的太子参中成药，适用于小儿气阴两虚的厌食、久病体弱、盗汗、泄泻及缺铁性贫血，3 年来市场销售额近 1 亿元。近两年应进一步开拓市场，通过加快对省内外开放步伐和加大区域合作力度，扩大本产品发展的市场空间。

2.4.3.2 太子参保健食品

国内注册的以太子参为主要原料的保健食品，根据配方不同，主要涉及增强免疫力/免疫调节、缓解体力疲劳、辅助降血糖、改善胃肠道功能（促进消化）/改善胃肠道功能（润肠通便），此外还有胃黏膜辅助保护、减肥、辅助改善记忆、美容（祛黄褐斑）、抗氧化、提高缺氧耐受力、辅助改善记忆、促进排铅、对化学性肝损伤有辅助保护等功能。

福州挺华生物技术有限公司的挺华牌源根胶囊，具有辅助降血糖保健功能。福建汇仁酒业有限公司的汇仁极酒、汇仁元酒，具有增强免疫力、缓解体力疲劳的保健功能。福建广生堂药业股份有限公司的"好味口"牌儿童健胃消食片，改善胃肠道功能（促进消化）。中食北山（福建）酒业有限公司的十二时辰®太子参黄精酒，具有增强免疫力、缓解体力疲劳的保健功能。然而，这些保健品的生产或销售，均不尽人意。

落户于柘荣县的中食北山（福建）酒业有限公司，近两年，其"十二时辰®太子参黄精酒"的运作模式，应把精力用于主抓消费者心理研究和销售队伍建设，宣传上注重"造势借势"，注重"太子参概念策略"，进行社区宣传、会议营销、互动营销、体验营销，免费试用、专家讲课等形式以达到"终端拉动"的目的。

2.4.3.3　太子参护肤品

世界化妆品行业具有越来越多使用天然物质或添加天然营养成分的趋势，这些添加物质大多为氨基酸，如谷氨酸、丝氨酸、胱氨酸、蛋氨酸、精氨酸等，微量元素有机物，如有机锗、有机铁等。而太子参富含谷氨酸、丝氨酸、胱氨酸、蛋氨酸、精氨酸等人体必需的氨基酸，其中，谷氨酸和精氨酸含量最高，这些氨基酸品种恰恰是有益于营养头发和皮肤。铁、锰、锌、铜、钼、硒等微量元素有机物也很丰富，硒的含量也相当高，这些元素易于被皮肤、头发、指甲吸收和利用，具有一定的调理性和润湿性。铁可以防止由于皮肤铁的缺失，也可对微环境和微血管起重要的平衡作用，硒可保持生物细胞质膜的完整性。太子参富含葡聚糖和果胶类多糖，是天然、温和、无刺激性的聚合物，且水溶性好，可增加美容产品乳化体系的稳定性，保持配方中的水分，并可减少皮肤水分的透皮损失，达到良好的润肤保湿效果。此外，太子参中十六酸、亚油酸、单甘油酯等成分，这些都是化妆品中常用作改善角质层的添加剂，它们具有润肤、滋发甚至生发的作用，具有良好的护发养发、护肤养肤的功效，已成为头发、皮肤化妆品十分理想的营养添加剂。

添加太子参提取物的已备案的化妆品，如广州所望化妆品有限公

第 2 章 柘荣太子参产业发展存在的问题及壁垒分析

司宫品太子参定型啫喱液，2015 年注册，但 2022 年 5 月 10 日已注销；贵州苗侗百草医药发展有限公司深圳分公司 Do-win 太子参蜗牛紧致面膜，2015 年注册，但 2020 年已注销；成都东方赫日科技有限公司，中草指纹西洋参肌底修复面膜、中草指纹西洋参新生紧致凝霜，2017 年注册，但 2022 年底已注销；厦门中妍生物科技有限公司，以太子参（*Pseudostellaria Heterophylla*）提取物为原料的"优雅女人"系列 7 款护肤品，2014—2015 年注册，如今均已注销。

2021 年 1 月 1 日，国务院公布的新版《化妆品监督管理条例》施行。这次时隔 30 年的修订，给化妆品备案也带来巨变。新版《化妆品监督管理条例》中关于化妆品备案的规定具有很多重大变化。条例中提出了注册人、备案人制度，从整体上提升化妆品生产经营者的准入门槛，引导并规范中小型企业的生产经营行为，使其具备与承担产品质量安全主体责任相匹配的质量安全管理能力、风险监测和不良反应监测能力，从而促进化妆品行业规范发展。

近年来，化妆品销售规模持续扩大。化妆品作为一种表征生活品质的日用品，其发展程度往往同国家的经济发展水平和居民的人均可支配收入呈正相关。我国化妆品市场规模已突破 5000 亿元大关，即便是在遭遇新型冠状病毒感染疫情的情况下，我国化妆品零售仍然保持了较高的增长速度。

值得高兴的是，福建省中医药科学院胡娟教授团队与福州拉丽莎化妆品有限公司共同合作，以太子参多糖提取物为原料，研制出太子参蚕丝面膜、太子参紧致修护眼膜、太子参提拉紧致面膜、太子参胶原蛋白洁面乳、太子参胶原蛋白乳液、太子参胶原蛋白精华霜、太子参胶原蛋白锁水凝胶、太子参牛奶蛋白面膜等 10 款护肤品，"一种太子参提取液的制备方法及其在制备抗皱化妆品中的应用（ZL 201711261752.3）"发明专利获得授权；通过备案，2017 年以来相继投放市场，其保湿和皮肤损伤修复的效果显著，赢得广泛赞誉。

然而，美容院老客户维护和展会推介等线下销售，是福州拉丽莎化妆品有限公司销售的主要渠道，年销售额不足 500 万元。随着"网红经济"的崛起，直播电商渠道成为网络售卖化妆品的重要新兴渠道。因此，拉丽莎太子参化妆品的销售应拓展线上渠道，创造网络渠道销售的速度奇迹。

2.4.3.4 兽药制剂或功能性饲料添加剂

在兽药制剂研发方面，福建贝迪药业有限公司立足福建柘荣太子参的产业资源优势，相继研发出太子参艾曲久、太子参颗粒、太子参口服液、太子参须散等兽药制剂，具有抗炎、抗氧化、增强机体免疫、提高抵抗力等效果。希望该企业加速成果的推广应用，扩大太子参兽药产品的推广应用，创造出显著的社会效益和经济效益。

2.4.4 其他壁垒

以环境因素对药材疗效的影响为核心内容的中药材道地性概念，是传统中医药学长期临床和生产实践的结晶，道地性已成为衡量药材品质优劣的重要标志。然而，目前对柘荣道地性的形成机制及道地性的物质基础等问题，仍缺乏充分了解；太子参规范化生产、引种与驯化、太子参质量评价等科学研究，仍需提升和发展。

目前，柘荣虽拥有近百项国内专利，但其创新度不高，竞争力不强，市场发展前景不容乐观。柘荣县应实施知识产权强企计划，打造高质量发展动力源，创造能够引领产业高端发展的拥有自主核心技术的高价值知识产权，拓宽企业融资渠道，变知产为资产。

第 3 章

柘荣太子参产业发展战略与规划建议

3.1 种植技术的规范与创新

3.1.1 太子参优良品种的研究与选育

开展太子参种质资源评价,加强对太子参优质品种资源(如天抗系列脱毒种、农家种、太空辐射诱变种等 20 多个品种)的研究,加强对太子参成分关键基因的研究,包括太子参环肽成分形成关键酶基因,从而选育出一批品质优良、抗病性好(叶斑病、花叶病)的品种。

3.1.2 太子参 GAP 生产与绿色种植技术

采用"优良品种+优质种根+健康土壤+规范种植"的太子参绿色种植新模式,通过栽培示范、推广应用。鼓励相关企业与太子参专业合作社、种植户等合作,签订合同,由龙头企业提供太子参优良品种的优质种根、栽培技术培训、产品高于市场价 5% 回购等,可推进太子参绿色种植技术的推广应用。推广实施太子参 GAP 生产技术,采取"六统一",即统一规划太子参生产基地、统一太子参种植技术规程、统一供应太子参种苗、统一太子参采收与产地初加工技术规程、统一化肥及农药等投入品管理措施、统一包装与贮藏技术规程。同时,配套建立太子参生产全过程可追溯体系。

3.1.3 基于大数据追溯平台建设

3.1.3.1 建设内容

柘荣太子参大数据溯源平台通过三期项目建设的内容包括以下 5 个

方面。

1. 柘荣太子参全链条防伪溯源体系建设

柘荣太子参全链条防伪溯源体系涉及三大主体管理、种植源头管控、交易流通过程管控、生产赋码过程管控四大模块，结构图如图3-1所示。

图 3-1　柘荣太子参全链条防伪溯源体系结构图

①建立三大主体信息库，为主体发放身份牌，并将主体纳入追溯体系；

②对 8 个乡镇 105 个行政村的柘荣太子参种植地块完成正射影像图的编制和数据采集，并作为平台与地图相关业务的基础图层；

③建设乡镇村工作端及乡镇村 App，完成提供乡镇主管用户进行参农身份核实及每年种植地块的核实；

④建设田间管理小程序，为参农和种植基地提供种植过程信息，进行快速上传服务；

⑤建设原产地追溯服务子系统（企业端）及企业基地生产 App，为参企提供种苗、种植、收获、加工、赋码等种植源头数据上传服务；

⑥建设线上交易小程序，为柘荣太子参的原产地收购交易提供线上交易和线上支付服务；

⑦建设防伪溯源码管理子系统，为柘荣太子参赋予"地理标志产品"和"药材饮片"两种溯源防伪标识；

⑧建设溯源监管子系统，实现柘荣太子参的全链条监管服务。

第 3 章　柘荣太子参产业发展战略与规划建议

2. 区块链追溯平台建设

建立柘荣太子参的区块链溯源平台（简称：溯源链），为柘荣太子参的产业发展提供可信的交易和溯源环境。

3. 大数据展示平台建设

将系统平台全链条溯源信息进行大数据分析后，通过图、表方式进行呈现，一图掌握柘荣县域太子参种植、交易、赋码等情况。

4. 数字孪生平台建设

通过倾斜摄影技术对柘荣太子参示范村的实景 3D 建模，并结合物联网技术，360° VR 摄像技术等，实现虚实结合，完成柘荣太子参的数字孪生展示体验。

5. 品牌门户建设

建设阳光监督平台，为公众提供的信息门户服务。

3.1.3.2　平台功能及优势

（1）已具备产业各类主体的空间聚集能力。已建立三大主体信息库，并为主体发放身份牌，纳入追溯监管体系，并通过田间管理小程序、生产追溯服务企业端和生产服务 App、在线收购交易小程序等实现信息共享、交易流通等，可完成产业集群的整体目标。

（2）产业数据真实、可控。种植源头的严格管控，包括地块通过乡镇村监管端进行核实和采集、种植面积根据地块自动计算，而不是随便上报，以及严格的品控和额度控制等，都保障了产业数据的真实、可控，以及产业源头的质量保障。

（3）全链条可追溯，解决了"混批"后追溯难的问题。应用了获得"2022 数字中国创新大赛""特等奖"的可追溯体系创新设计方案，实现从种植地块、种植户、种苗、种植过程、收获初加工、收购交易、饮片生产、赋码准出全链条可追溯，解决柘荣太子参"混批"后追溯难的问题，且对溯源数据进行上链，不可篡改。

（4）个性化品牌展示及实现"两码融合"。与省农产品一品一码平台对接，实现柘荣太子参溯源防伪码和省农产品一品一码的"两码融合"，并为柘荣太子参进行了个性化展示定制，并为不同产品赋予"地理标志产品"和"药材饮片"两种溯源防伪标识，每一枚都可以追溯到具体的种植源头。

（5）实现线上收购交易和线上支付。

（6）引入金融服务，作为产业服务保障。

（7）新技术应用。平台应用了区块链技术、3D实景数字孪生技术、大数据分析技术、无人机遥感测绘等新技术的应用，建设了太子参溯源链、实景3D数字孪生平台等。

3.1.3.3 后期建设

（1）柘荣全县柘荣太子参种植示范片全覆盖农业物联网自动化设施和VR实景摄像头。

（2）增加数字孪生平台体验的同时，进行持续的气象和土壤数据采集，作为柘荣太子参精耕细作模型分析的基础数据，未来可支撑太子参种植气象模型建立和生长特性模型的研究。

（3）通过与参企现有自动化设施对接，实现溯源系统数据自动采集，通过"自动化采集+人工填报"方式，简化参企溯源数据上报工作。

3.2 太子参道地药材的质量研究

3.2.1 显微鉴别、薄层鉴别、DNA鉴定

3.2.1.1 显微鉴别

太子参横切面，木栓层为2～4列类方形细胞。栓内层薄，仅数列薄壁细胞，切向延长。韧皮部窄，射线宽广。形成层成环。木质部占根的大部分，导管稀疏排列成放射状，初生木质部3～4原型（图3-2）。薄壁细胞充满淀粉粒，有的薄壁细胞中可见草酸钙簇晶。太子参显微特

征图谱如图 3-3。

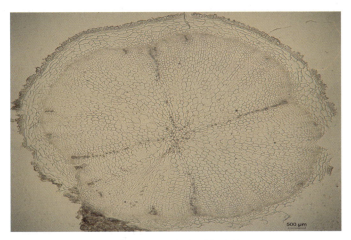

图 3-2　太子参木质部结构

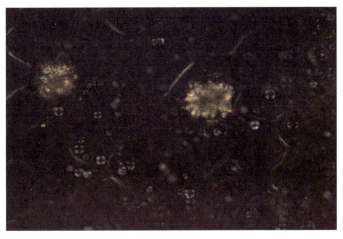

图 3-3　太子参薄壁细胞淀粉粒和草酸钙簇晶

3.2.1.2　薄层鉴别

太子参氨基酸类成分的薄层鉴别：取本品粉末 1 g，加甲醇 10 mL，温浸，振摇 30 min，滤过，滤液浓缩至 1 mL，作为供试品溶液；另取太子参对照药材 1 g，同法制成对照药材溶液。取精氨酸、丙氨酸、缬氨酸、4-氨基丁酸和亮氨酸标准品或对照品各 12.5 mg，用甲醇定容至

25 mL，配制成 0.5 mg/mL 浓度的溶液作为对照品溶液。

照薄层色谱法（通则 0502）试验，吸取上述溶液各 3 μL，分别点于同一硅胶 G 薄层板上，以正丁醇 – 氯仿 – 水 – 冰乙酸（6∶2.5∶2.3∶3）为展开剂，置用展开剂预饱和 15 分钟的展开缸内，展开，取出，晾干，喷以 0.2% 茚三酮乙醇溶液，在 105℃ 加热至斑点显色清晰。供试品色谱中，在与对照药材色谱相应的位置上，显相同颜色的斑点。

薄层色谱中斑点的归属：对太子参薄层色谱中斑点进行归属，精氨酸、丙氨酸、缬氨酸、γ- 氨基丁酸和亮氨酸，Rf 值分别为 0.08、0.27、0.35、0.42 和 0.52。氨基酸对照品、对照药材和样品薄层色谱图谱见图 3-4、图 3-5。

3.2.1.3　DNA 鉴定

太子参 DNA 条形码分子鉴定：中药材 DNA 条形码分子鉴定法（指导原则 9107）测定。

本品去除微生物污染，粉碎过 60 目筛，称取 20 mg 备用。DNA 提取、DNA 条形码序列 PCR 扩增、电泳检测和序列测定、序列拼接，结果判定符合 *Pseudostellaria heterophylla* ITS 2 主导序列见图 3-6、图 3-7。

3.2.2　含量测定

对照品溶液的制备：取无水葡萄糖对照品适量，精密称定，加水制成每毫升含 80 μg 的溶液，即得。

标准曲线的制备：精密量取对照品溶液 4.0、5.0、6.0、7.0、8.0 mL，分别置 10 mL 容量瓶中，各加水至刻度线定容，得系列标准溶液。精密量取各对照品溶液 1 mL，置 10 mL 具塞试管中，精密加入 5% 苯酚溶液 1 mL（临用配制），摇匀；再精密加硫酸 5 mL，摇匀。置沸水浴中加热 20 min，取出，置冰浴中冷却 5 min，以相应试剂为空白，照紫外 – 可见分光光度法（通则 0401），在 486 nm 的波长处测定吸光度，以吸光度为纵坐标，浓度为横坐标，绘制标准曲线。

第3章 柘荣太子参产业发展战略与规划建议

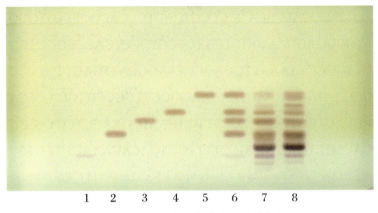

图3-4 太子参薄层色谱中斑点的归属

1.精氨酸；2.丙氨酸；3.缬氨酸；4.γ-氨基丁酸；5.亮氨酸；6.混标；7.太子参对照药材；8.太子参样品

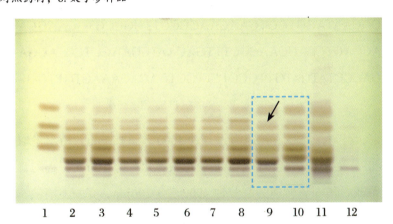

图3-5 福建、贵州、安徽、江苏、山东五个不同产地太子参与混伪品鉴别

1.混标；2.对照药材；3～7.fj-1、gz-2、ah-3、js-4、sd-5；8.zs3-6；9.银柴胡；10.麦冬；11.百部；12.淡竹叶块根

供试品溶液的制备：取本品粉末（过三号筛）约1.000 g，置于索氏提取器中，精密称定，加入90%乙醇100 mL，95℃水浴加热3 h，弃去乙醇溶液，药渣挥干乙醇。药渣连同纸筒置于圆底烧瓶中，准确加入100 mL蒸馏水，称重；100℃水浴加热回流提取2 h，冷却至室温，加

5′-CGCATCGCAGCCCCCTCACTCCCACCCTTAGTGGG
ATGGGGAGGAAGATGGTTTCCCGTGCCTCACCGGGCACG
GTTGGCCTAAAATTGGAGCCTAAGGCATTGAGTTGTCGC
GGCAATAGGTGGTGAACAAGGCCTTGGCCGTGCAAGCA
ACCAGTCGTGCAACCCTTTGACAATCGAAGCTCGTAGGA
GACCCTATGATGTTGCCTTTTGGTGACACAAACTGTTG-3′

图 3-6　*Pseudostellaria heterophylla* DNA 条形码 ITS2 主导序列

5′-CGCATCGCAGCCCCCTCACTCCCACCCTTAGTGGG
ATGGGGAGGAAGATGGTTTCCCGTGCCTCACCGGGCACG
GTTGGCCTAAAATTGGAGCCTAAGGCATTGAGTTGTCGC
GGCAATAGGTGGTGAACAAGGCCTTGGCCGTGCAAGCA
ACCAGTCGTGCAACCCTTTGACAATCGAAGCTCGTAGGA
GACCCTATGATGTTGCCTTTTGGTGACACAAACTGTTG-3′

图 3-7　太子参样本中 ITS2 测序结果

水补重，混匀，离心（转速为每分钟 4000 转）15 min。精密量取上清液 2 mL，置 15 mL 离心管中，精密加入无水乙醇 10 mL，摇匀，冷藏 1 h，取出，离心（转速为每分钟 4000 转）20 min，弃去上清液，（必要时滤过），沉淀加 80% 乙醇洗涤 2 次，每次 8 mL，离心，弃去上清液，沉淀加热水溶解，转移至 100 mL 量瓶中，放冷，加水至刻度，摇匀，即得供试品溶液。

测定法：精密量取供试品溶液 1 mL，置 10 mL 具塞试管中，照标准曲线制备项下的方法，自"精密加入 5% 苯酚溶 1 mL"起，依法测定吸光度，从标准曲线上读出供试品溶液中无水葡萄糖的量，计算，即得。

本品按干燥品计算，含太子参多糖以无水葡萄糖（$C_6H_{12}O_6$）计，不得少于 16.3%。

3.2.3 指纹图谱

色谱条件与系统适用性试验：以十八烷基硅烷键合硅胶为填充剂；以乙腈（A）磷酸水（B）为流动相，梯度洗脱程序为 0 ~ 40 min：10% ~ 40%（A），40 ~ 60 min：40% ~ 70%（A），60 ~ 75 min：70% ~ 100%（A），75 ~ 90 min：100%（A）；检测波长为 203 nm。理论板数按亚油酸峰计算应不低于 100 万。

参照物溶液的制备：取亚油酸对照品适量，精密称定，加甲醇制成每毫升含 500 μg 的溶液，即得。

供试品溶液的制备：取本品（粉碎过三号筛）5.0 g，精密称定，置索氏提取器，加入乙酸乙酯 100 mL，90℃水浴加热提取 4 h，减压回收溶剂至干，残渣加甲醇溶解至 5 mL 容量瓶定容，即得。

测定法：分别精密吸取参照物溶液与供试品溶液各 20 μL，注入液相色谱仪，流速 1 mL/min、柱温 30℃，测定，记录色谱图，即得。

供试品特征图谱中应呈现 14 个特征峰，与参照物峰相应的峰为 12 号峰即 S 峰，计算各特征峰与 S 峰的相对保留时间，应在规定值的 ±5% 范围之内（图 3-8）。

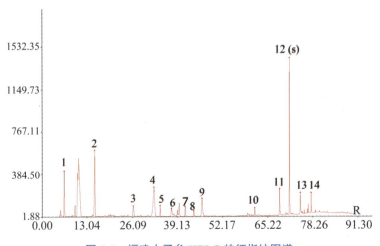

图 3-8 福建太子参 HPLC 特征指纹图谱

3.3 立足柘荣，探索全国最优的太子参产业发展模式

3.3.1 攻坚种业芯片，助力太子参良种选育

柘荣太子参长期使用块根繁殖，种质退化严重，"柘参 1 号""柘参 2 号"都有较大程度的种质退化。太子参优良品种种苗及脱毒种苗繁育的成本偏高，推广应用速度偏慢。参农引种、换种、留种等行为极为普遍，致使栽培太子参种源混杂。4—5 月雨水多，太子参叶斑病严重，有的减产 30%，目前未有更好的解决办法。要解决太子参良种选育问题，必须从政策与资金上加大扶持力度，开展太子参种业芯片攻坚研究，支持龙头企业与高校及科研院所合作，长期建立太子参种质资源圃，收集栽培各地太子参种质资源，应用杂交育种、分子标记、脱毒育种等试验研究，不断选育出块根大、品质优、产量高、抗病强的太子参新品种，为提升柘荣太子参产业竞争力打下坚实基础。

3.3.2 太子参标准制定重要参与者

至今，2020 年版《中国药典》太子参药材的质量标准中尚未制定含量测定指标，目前也没有相应的其他国家标准，国内市场上的太子参药材多是"看货评级、分档议价"辨状论质，质量无法得到保障。福建柘荣是国内太子参主要道地产区，柘荣县人民政府应该积极协调福建省药品监督局及福建省食品药品质量检验研究院，申请国家药典委员会"药品标准制修订研究课题"，福建省内有太子参标准研究前期基础的高等院校或科研院所可以作为起草单位，福建省食品药品质量检验研究院作为复核单位，共同进行太子参品种国家药品标准提高研究工作，为 2025 年版太子参中华人民共和国药典标准提供实验基础。

3.3.3 太子参贮存与太子参交易市场

太子参应存放在避光、阴凉处或置于冷藏库中，温度控制在 15℃ 以下，避免发生受潮、虫蛀、发霉、变色等变质现象。

为进一步提升柘荣县中药现代流通服务水平，2022 年，柘荣县启动建设占地 25 亩存储量 1 万吨的冷链物流仓储；改造升级以柘荣太子参数字展示馆为核心的太子参交易市场，建筑面积约 6162 m^2，通过 3D 全息投影技术、互动显示、LED 显示技术、中控系统等先进信息化手段，将太子参数字展示馆建成集中展示"柘荣太子参"产业发展历程、柘荣县域特色成果，并集溯源大数据平台、体验中心、金融服务、物流配送于一体的复合型功能场所。

3.3.4 太子参上下游产业链延伸

为探索推动新形势下柘荣太子参产业发展的新思路和新趋势，助推产学研协同创新，促进柘荣太子参产业高质量发展。柘荣县已建设太子参小微园，其中入驻太子参产业链相关企业 10 余家，涉及太子参饮片、中成药、兽药和保健食品等多种产品。柘荣县应依靠自身资源禀赋，积极对接国内相关创原创新驱动平台，举办以"资源整合、平台共享、产业共赢"为主题的柘荣（闽东药城）太子参产业发展暨招商引资推介会，打通太子参产业创新、生产、上市等产业全链条，让创新链和产业链深度融合，持续加大政策支持力度，大抓招商、大抓环境、大抓落实，致力于将柘荣打造为有影响力的闽东药城产业集群，打通上下游产业链，助推柘荣县域经济高质量发展。

3.3.5 打造太子参文化品牌建设

以"柘荣太子参"为主题，创作出一批具有影响力、感召力、说服力的诗词、散文、故事、微电影、歌舞等文学作品，讲好"柘荣太子参"故事。建设好柘荣县太子参数字展示馆、博物馆、乡镇太子参产业馆，充分挖掘和展示"柘荣太子参"历史文化底蕴。组织开展好"柘荣太子参"成果展、摄影赛、论文评选、采收节、招商节等活动，提升"柘荣太子参"品牌知名度和影响力，助力闽东药城建设。

3.4 政府的作用

太子参是柘荣农业的主导产业之一，柘荣县历届党委、政府依托太子参等丰富的中药材资源禀赋，坚定不移地发展生物医药产业，围绕"做大一根参、崛起一座城"的发展战略思路，紧跟国家中医药传承创新发展的战略步伐，紧抓国家大力支持发展中医药产业战略机遇，紧扣"海西药城"的建设内涵和发展方向，紧盯太子参产业发展优势，以太子参道地产区品牌构建为牵引，遵循三产深度融合发展的战略原则，坚持战略规划与实践发展并行、发展速度与产品质量并举、有效有序与安全生产兼备的发展策略，科学规划、发展和完善全县太子参种植、加工、中药研发、服务大众等产业链，以太子参种苗繁育规范化、种植流程标准化、病虫防控绿色化、加工精深化、产业多元化为发展中心，全力打造太子参植物种苗工厂基地、太子参绿色栽培基地、太子参研发制造基地等全产业链节点基地，立足柘荣、辐射全国、放眼世界，全面提升太子参产业发展水平，夯实和拓展柘荣太子参产业辐射效应，县政府充分利用各种宣传媒介，通过论坛、交易会、对接会等平台加大柘荣太子参产品推介力度，提高柘荣太子参知名度，为发展柘荣社会经济和民生工程做出巨大贡献。

县政府成立药业发展中心开展中药材产业组织领导和服务工作，把产业的发展作为农村工作的一项重要工作来抓，认真组织协调、统筹规划、合理布局。各乡镇成立相应的组织机构，加大督促落实、技术指导力度，涉农部门要保证资金、物资配套供应，及时解决发展中遇到的困难和问题，保证太子参产业的健康发展。整合多方资源，高标准规划建设集研发、孵化、规模化生产于一体的专业医药科技产业园区，在闽东药城的基础上，进一步引进培育现代中药、生物医药、保健食品企业，打造福建省重要的医药科技产业基地，引导药业企业根据国家产业政策要求，突出科技创新，加强产学研联合，培育产业集聚，壮大药业总量。2022年3月，柘荣县政府与中国药科大学达成《关于推进海西药城建设战略合作协议》，在《"闽东药城"规划》的基础上进一步修编完善了《"海西药城"总体规划》。

3.4.1 平台建设

1. 建立中药材生产技术推广平台

充分发挥技术服务中心、农技推广站等机构的作用，建立太子参种植技术培训网络，向广大参农推广和普及实用技术，及时解决太子参生产中的关键技术问题。

2. 建设中药材信息监测服务平台

利用区块链、大数据等数字化技术赋能太子参产业发展，进一步推动柘荣太子参全链条、全周期可溯源，为每一枚太子参赋予独一无二的"溯源身份证"，保障太子参品质，提升柘荣太子参的品牌知名度、信誉度，构建太子参产业供给侧和消费侧的可信链接体系。

3. 建设太子参产业技术系列平台

构建以企业为主体、市场为导向、产学研结合的协同创新体系，引进和培育创新人才和团队，建设一批科技创新平台，研发一批科技成果。鼓励和支持企业申报实施科技项目，促进科技成果转移转化，提升产业科技水平。充分利用省内外科研院所的技术实力和优势，建设第三方检验检测平台、种子种苗重点实验室、开展太子参种质资源收集、整理、评价研究，从源头解决品种混乱的问题；开展太子参良种繁育、新品种选育、生态种植、采收和初加工等生产全过程关键技术、标准规范、检测技术等研究，鼓励支持机械化生产基地。开展太子参种植加工机械的研发，鼓励种植生产企业自主或联合研发、试制太子参耕、种、管、收的机械化装备，形成太子参产业技术系列平台，为高品质太子参生产提供技术保障。

4. 建立服务平台网站

及时整理、发布国内中药材产业最新市场、技术和产品信息，并与国内相关网站建立链接，针对全县太子参产业发展存在的问题和中药材企业发展过程中急需解决的技术问题，开展工作。为药农和中药材企业提供政策咨询、产业动态等方面的信息。依托福建省中药材产业协会等部门为全县药材企业、种植基地提供科技资源共享服务、国内外科技交流。

3.4.2 政策支持

习近平总书记指出"中医药学是中国古代科学的瑰宝，也是打开中华文明宝库的钥匙"。党的十八大以来，国家将中医药发展作为经济社会发展的重要战略举措。国务院印发了《中医药发展战略规划纲要（2016—2030年）》，工业和信息化部、国家中医药管理局等16个部委出台了《中药材保护和发展规划（2015—2020年）》，2017年实施的《中医药法》更是为中药材产业发展提供了法律保障和政策支持。2018年12月，农业农村部、国家药品监督管理局、国家中医药管理局编制了《全国道地药材生产基地建设规划（2018—2025年）》，2022年3月，国务院办公厅发布《"十四五"中医药发展规划》，2022年4月，福建省政府发布《福建省加快生物医药产业高质量发展的实施方案》，进一步为中药材产业尤其是道地药材发展指明了方向。

为加快生物医药产业延链补链强链，柘荣县相继出台《关于加快太子参产业发展的若干意见》《关于扶持生物医药产业发展的若干意见》，每年设立1000万元的现代农业发展专项资金，采取"以奖代补"的方式扶持发展太子参产业，鼓励县内20多家重点企业和近百家关联合作社投资中药材（太子参）种植、研发、销售，成功开发出以太子参为原料的系列产品。以药材做文章、促药企大发展，走"占据高端、扩展领域、集群发展"的路子，再造产业新优势。

3.4.3 人才战略

要抢占生物医药产业发展制高点，关键在自主创新。为此，县里一方面出台人才引进计划，建成以院士工作站和专家团队为核心的创新队伍，被列入福建省第二批人才强县试点县；另一方面，密切与中国工程院、中国药科大学、厦门大学、福建中医药大学、福建农林大学、福建省农科院等科研院校合作，推动科技成果的转化和应用。

加强太子参等中药材产业人才队伍建设，完善人才引进、选拔、培养、考核、使用机制，围绕重点领域，努力培养一批有战略眼光、有市场驾驭能力、懂管理的企业家队伍，培养一批有能力、敢担当的中药材产业职业经理人，造就一批科技、管理和营销领军人才；充分发挥各领域人才资源优势，以提高科技创新能力和企业管理水平为目标，以创新人才工作机制和环境为手段，打造一批竞争有力的科技创新团队、品牌营销团队，着力解决产品生产的重大科技问题、产业链和企业管理问题、产品和平台推广营销问题；构建中药材专业技术人员继续教育体系，建立科技交流平台，注重与科研院所、高校和高新企业之间的学术、技术交流，强化职业技能培训，鼓励校企、院企等多种方式合作，培养一支扎根基层的中药材资源保护、种植、加工、鉴定技术和信息服务队伍，加强基层中药材生产人员的业务素质和专业水平。加大中药材高层次人才和国际化专业技术人才交流，建立一支结构合理、特色优势明显的中药材产业发展人才队伍。

为充分利用中医药人才战略，加强中药材产业链条上各层级人才培养，2017年12月，中共柘荣县委办公室、柘荣县人民政府办公室关于印发《柘荣县建设闽东药城人才高地的九条措施》，2022年，柘荣县委组织部牵头制定《关于进一步支持生物医药产业人才引进和培养的若干措施（试行）》等中医药产业人才政策，吸引各类生物医药人才到柘荣安家创业，助力柘荣县太子参产业高水平健康发展。

建立中药材专家数据库：发挥福建省高校、科研院所等人才资源，为本县太子参产业发展献计献策。制订太子参产业人才培训计划，培养一批太子参种植中坚力量。建立太子参种植服务体系，加强对药农开展良种选育、规范化种植、产地加工、病虫害防治等技术培训；加强中药材产品开发技能及企业管理的培训。

3.4.4 经费支持

政府加大财政对太子参产业的投入，拓宽资源筹措渠道，采取多种模式来保证产业发展的资金需求，重点加强对农业基础设施建设、农技人员与药农队伍培训、农产品营销、信息体系建设、生态环境建设等方面的投入，努力推进太子参产业的繁荣和发展；建立以政府性资金为引导，企业投入为主体，社会资金广泛参与的投入机制；积极争取国家、省、市的项目资金，在产业发展、科技研发方面集中投入，重点支持良种基地、示范园区基础设施建设，发挥资金规模效应，采用直接投资或以奖代补方式，对种质资源圃、良种选育及推广、质量监控技术体系建设、科技示范园、加工企业创新等进行扶持。

用好国家和省扶持产业发展的相关政策措施，争取国家、省级专项资金支持太子参产业发展，充分发挥财政资金引导效应，打通与国家部委、省厅局的相关认证、审批等通道，以完成福建"福九味"中药材产业集群建设项目为契机，争取更多项目支持。对参与太子参产业发展、符合条件的返乡入乡创业人员，按规定给予税费减免、创业补贴、创业担保贷款及贴息等创业扶持政策。

鼓励保险机构进一步扩大太子参等中药材产业保险的业务，鼓励地方将太子参种植纳入特色农业保险范围并给予保费补贴，省级财政按照特色农业保险奖补政策规定对市县政府给予奖补，以降低参农种植所面临的灾害损失，增强抵御风险的能力。

建立中小企业贷款担保体系，为产业发展搭建融资平台和资金保障。

第 3 章　柘荣太子参产业发展战略与规划建议

鼓励金融机构在商业可持续、风险可控的前提下，针对太子参等中药材产业特点，合理确定贷款期限和贷款利率，加大信贷投入。落实支持小微企业、个体工商户和合作社的普惠金融服务税收优惠政策，将符合条件的太子参等中药材产业贷款纳入政府性融资担保服务范围，鼓励发展绿色金融产品，建立中药材产业投融资项目储备库，推进银企对接。

加大中药材产业招商引资力度，鼓励社会资本、民间资本以独资、参股、合作等多种形式参与到中药材产业链。形成以政府投资为引导，民营资本和社会其他资金为主体的多元化、多渠道的中药材产业投入机制。积极争取银行信贷支持，包括争取国家开发银行、农业开发银行等金融组织和机构的信贷支持，重点扶持管理水平较高、市场潜力大、经济效益较好、辐射带动能力强的中药材种植企业及加工企业的发展。

第4章

柘荣太子参产业发展前景预测

4.1 太子参新品种选育与推广

柘荣县太子参经长期栽培形成多种分化类型。自1992年起，柘荣县农业推广中心对全县所有分化类型进行普查、整理、筛选，筛选出"柘参1号"和"柘参2号"2个品种，并于2003年经福建省非主要农作物品种认定委员会认定。2022年选育出太子参杂交新品种"柘参4号"。历年来，在柘荣县选育并通过认定的品种有柘参1号、柘参2号、柘参3号、柘参4号等品种，根据国家政策规定和太子参品种适应性和田间生产表现，目前"柘参3号"已不能推广种植、"柘参1号"很少种植，推广应用的太子参品种主要是"柘参2号""柘参4号""天抗系列"脱毒种和农家种。

环肽是太子参极具代表性的特征成分，但不同产地太子参环肽的组成及含量有较大差异，尤其针对柘参中环肽B含量较低的问题，如何培育出具有较高环肽B含量且其他环肽成分数量和含量多于/高于外省产地太子参的品种应取得新突破。

4.2 太子参产地采收加工和存储技术突破

4.2.1 太子参产地加工

实现采收机械化/自动化，减少人工投入，降低参农劳动强度；建立功能型3D太子参产地加工技术，实现加工工艺标准化、清洗揉搓设备成套化、烘干智能化控制系统。

清洗、去除须根、干燥工艺的方法及其标准化，以保证太子参挥发性成分、多糖、氨基酸等有效成分损失降至最小为前提，尽量避免加工方法对太子参有效成分的影响。

4.2.2 太子参存储

现阶段，协调应用好县内现有的中药材冷藏库，更好地为参农提供存储服务。

加快推进太子参现代化仓储建设。力争在"十四五"末，在柘荣太子参小微园内建成太子参冷链仓储厂房，为本地企业和参农提供集中存储服务，减少综合贮存成本。应用现代化的科学仓储方法，保证太子参的整体质量。

4.3 太子参的深加工与综合开发

4.3.1 开发精深加工产品，促进产业提质增效

采取内引外联的办法，积极与省内外的高校、科研院校及企业联合攻关，加大科技技术成果的转化应用与支持力度，加强与太子参产业链关联优势企业合作或引进入驻，扶持本地重点企业产品系列化发展，开展太子参的精深加工产品开发，促进太子参精深加工多元化，形成医药、保健、食品三大系列产品，促进太子参产业提质增效。

1. 提高中药饮片及提取物的创新水平

创新太子参中药饮片生产工艺，促进现代生产技术与传统生产工艺的融合，在现有太子参配方颗粒的基础上，研制免煎中药饮片、超微饮片、冻干饮片及定量压制饮片等新型太子参饮片，并在医疗体系进行推广；鼓励县域内中药材相关产业协会联合医疗机构、科研院所和生产企业，起草、制定和实施新型太子参饮片的生产质量标准体系，突破现有太子参饮片质量单一化评价方法，并在行业内推广应用，提升太子参产

品的质量和口碑；积极推广应用先进的现代化植物提取技术，突破太子参药效成分提取难题，开展多糖、环肽类等太子参关键药用成分提取技术的联合攻关，开发出系列太子参提取物，为医药、保健、食品等领域开发太子参新产品提供原料基础，加快太子参产品从中药材向医药中间体和原料药的转变。

2. 加强太子参中药新药和剂型的研发

重点支持县域内的力捷迅、广生堂等药企与医疗机构联合开展经典名方、医院制剂、名老中医经验方等太子参中药复方新药的研发，创制出临床疗效确切、作用机制清晰、剂型先进、临床价值高的中药新药制剂；加强太子参有效活性成分规模化高效分离与制备技术的联合攻关与成果转化，研制中药单体、组分、缓控释、经皮或黏膜给药等太子参中药新药，以及开展物理改性和掩味等新型制剂技术研发；支持太子参的名优中药二次开发，鼓励中药企业围绕国内名优产品开展技术创新，进一步挖掘中药产业细分领域的发展潜力，加快推动疗效确切、临床价值高的中药研发及产业化，巩固太子参的名优产品市场优势。

3. 开发高端保健产品

发挥柘荣县中药产业的基础和优势，鼓励企业以现代中医药理论为依据，以太子参药材或提取物为原料，开展药酒、口服液、口含片和康养膳食等系列高端保健品的开发，丰富太子参的保健衍生品，推进太子参向预防、保健、康复、食疗等领域延伸发展；积极推进太子参进入国家新增药食同源食品目录或新食品原料目录的工作，大力发展太子参在饮食、茶饮、药膳中的利用价值及开发力度，以中食北山、今古通等骨干企业为依托，鼓励企业通过成果转化应用、质量体系建设、设备提升与工艺优化，拓展产品种类，开发出系列药膳、药酒、药茶、保健品等太子参精深加工产品，扩大柘荣太子参在食品领域的应用与市场效益。

4. 挖掘特医食品领域

鼓励当地企业依托太子参的产业基础和优势，积极培育高端功能性食品，鼓励本土企业以增强免疫力低下、肿瘤患者抵抗力等作为重点应用领域开发非全营养、全营养、特定全营养配方等特医食品，并在医疗机构和患者群体进行推广应用；依托柘荣太子参的产业基础和成本优势，支持如汤臣倍健等国内外企业特医食品优质企业在柘荣自建基地，打造高端功能性食品原料专供基地，并进一步加大招商引资力度，引进企业入驻医药产业园，建立其特医食品及高端功能性食品生产基地建设，形成上下游一体化布局。

4.3.2 加大资源综合开发，推动关联产业发展

太子参以块根入药，在太子参药材种植加工过程中，产生大量的非药用部分的副产物资源，如太子参须根、茎叶和花等，这些副产物资源含有丰富的蛋白质、氨基酸等营养物质，同时也含有一定量的多糖、黄酮和环肽类、黄酮类等太子参关键药用活性成分，具有很好的开发利用价值，加大太子参须根、茎叶和花等非药用部分资源的开发利用，推动太子参的关联产业发展，可提高太子参产业的附加经济效益。

1. 畜禽及水产领域

积极与省内外的高校、科研院校及饲料企业联合攻关，开展太子参须根、茎叶和花等非药用部分的饲用价值评价和畜禽添加利用研究，利用太子参的营养和预防保健功效，积极响应国家的"饲料禁抗、养殖减抗"的畜禽养殖与动物保健的战略需求，以太子参须根和茎叶为原料，开发出新型非常规饲料、功能性饲料添加剂和动物保健品等太子参新产品，支持贝迪药业等县域企业开展以太子参须根和茎叶为原料的新型兽药研发、注册及其产业化，并在畜禽及水产养殖行业进行推广应用，扩大柘荣太子参在畜牧与水产领域的应用与效益。

2. 食品领域

在太子参进入国家新增药食同源食品目录或新食品原料目录的工作推进的同时，加强太子参非药用部位在饮食、茶饮、药膳中的食用价值研究及开发力度，利用太子参的营养保健功效，鼓励企业以太子参须根和茎叶花为原料，开发出药膳包、饮品和即食休闲食品等太子参系列食品，并结合柘荣的避暑康养旅游产业发展，推出太子参的系列伴手礼和旅游休闲食品，扩大柘荣太子参在食品领域的应用与市场效益。

3. 日化领域

鼓励企业联合科研院所以及其他行业的研发结构，开展太子参须根、茎叶和花等非药用部分在日化领域的利用价值研究与产品研发，利用太子参的特定营养保健功效，开发出以太子参须根和茎叶花为原料的牙膏、洗发水、护肤品等日化产品，扩大柘荣太子参在日化领域的应用与市场效益。

4.4 柘荣太子参质量研究成果

针对太子参种质资源的内在质量的评价研究较为薄弱的问题，有必要从品种层面上对不同种质资源太子参的内在质量进行系统研究，充分掌握柘荣太子参的内在质量与其他产区太子参的共性与差异信息，明确柘荣太子参的优势与弊端；同时考虑在后续太子参品种选育过程中增加药效活性成分含量的评价指标，选育优质太子参种质资源，争取做到与其他产区太子参相比柘荣太子参含量较高的成分得到保持，含量较低的成分达到限量要求。在2025年版《中国药典》制定，或者其他各级行业标准制定过程中提供符合标准的柘荣太子参中药材原料。

4.5 产业化关键技术成果

针对太子参重点开展其种质资源评价、有效成分（环肽）合成的分子基础、新品种选育及良种繁殖等方面的研究，提升太子参种子（种苗）创新水平。选育出太子参新品种，使其标志性成分达到限量要求；建立良种繁殖基地，繁殖优良种质种子种苗，满足本地区参农种植需求；并进行技术示范与培训，促进体系种业研究成果快速落地及转化。

4.6 站位柘荣，提出最优化的太子参产业发展模式

坚持特色现代农业发展方向，以科技创新为动力，以联农带农为纽带，以三产融合为路径，打造涵盖太子参种质资源保护、良种选育、GAP全程可追溯基地、加工、流通、品牌、科技服务全产业链于一体的中国太子参中药材产业集聚区，实现太子参产业规模更加壮大、经营主体更富活力、联农带农更具实效、品牌建设更有影响、科技支撑更添活力。电子商务快速演化，农村电子商务发展面临重大变化，农村电子商务要与一、二、三产业加速融合，全面促进产业链、供应链数字化改造，成为助力传统产业转型升级和乡村振兴的重要力量。电子商务与一产业关联程度比较弱，说明农村电子商务发展还处于初级阶段，需要结合自身产品优势，融合农产品加工、乡村旅游等产业，为推进柘荣县乡村产业振兴提供有力支撑。

参考文献

[1] TAN N H, ZHOU J, CHEN C X, et al. Cyclopeptides from the roots of Pseudostellaria heterophylla[J]. Phytochemistry, 1993, 32(5): 1327-1330.

[2] 谭宁华, 周俊. 太子参中新环肽——太子参环肽 C[J]. 云南植物研究, 1995, 17(1): 60.

[3] 丁中涛, 周俊, 谭宁华, 等. 石竹科植物环肽研究进展[J]. 化学研究与应用, 1999, 11(5): 492-494.

[4] YANG Y, TAN N, ZHANG F, et al. Cyclopeptides and Amides from Pseudostellaria heterophylla (Caryophyllaceae)[J]. Helvetica chimica acta, 2003, 86(10): 3376-3379.

[5] MORITA H, KAYASHITA T, KOBATA H, et al. Pseudostellarins A-C, new tyrosinase inhibitory cyclic peptides from Pseudostellaria heterophylla[J]. Tetrahedron, 1994, 50(23): 6797-6804.

[6] MORITA H, KAYASHITA T, KOBATA H, et al. Pseudostellarins D-F, new tyrosinase inhibitory cyclic peptides from Pseudostellaria heterophylla[J]. Tetrahedron, 1994, 50(33): 9975-9982.

[7] MORITA H, KAYASHITA T, TAKEYA K, et al. Cyclic peptides from higher plants, Part 15. Pseudostellarin H, a new cyclic octapeptide from Pseudostellaria heterophylla[J]. J Nat Prod, 1995, 58(6): 943-947.

[8] LU F, YANG H, LIN S, et al. Cyclic peptide extracts derived from

pseudostellaria heterophylla ameliorates COPD via regulation of the TLR4/MyD88 pathway proteins[J]. Front Pharmacol, 2020, 11: 850.

[9] ZHAO X F, ZHANG Q, ZHAO H T, et al. A new cyclic peptide from the fibrous root of Pseudostellaria heterophylla[J]. Nat Prod Res, 2022, 36(13): 3368-3374.

[10] 陈前锋, 赵筱斐, 赵邯涛, 等. 太子参须根中环肽类化学成分研究[J]. 中国中药杂志, 2022, 47(1): 122-126.

[11] 侯娅, 马阳, 邹立思, 等. 基于超高效液相–串联四极杆飞行时间高分辨质谱技术分析不同种源太子参化学成分的差异[J]. 中国药学杂志, 2015, 50(13): 1104-1110.

[12] 韩怡, 巢建国, 谷巍, 等. 不同产地太子参环肽B含量测定[J]. 现代中药研究与实践, 2012, 26(5): 69-71.

[13] 龙全江, 王晓阁, 徐雪琴. 安徽与其他主产区地产太子参药材中太子参环肽B的含量比较研究[J]. 现代中药研究与实践, 2016, 30(3): 55-57.

[14] 梁婷婷, 周英, 林冰, 等. 太子参多糖的水提醇沉工艺研究[J]. 山地农业生物学报, 2013, 32(1): 79-82.

[15] 吴斌, 谢勇, 林秀洁, 等. 太子参粗多糖的提取及其除蛋白方法研究[J]. 福建农业学报, 2013, 28(6): 589-592.

[16] 马世蓉, 陈杰, 曾忠良. 正交实验优化太子参须多糖的提取工艺研究[J]. 现代盐化工, 2018, 45(2): 108-110.

[17] 檀新珠, 陈语嫣, 蔡旭滨, 等. 太子参茎叶多糖的提取及其对小鼠免疫活性的影响[J]. 中国兽医学报, 2018, 38(3): 556-563.

[18] 王西龙, 王允, 毕研平, 等. 太子参多糖提取工艺优选[J]. 现代医药卫生, 2006, 22(7): 964-966.

[19] 林志娟, 陈永, 尤丽彤, 等. 响应面法优化超声辅助提取太子参多

糖工艺研究 [J]. 天然产物研究与开发 , 2013, 25(6): 846-850.

[20] 赵卫星 . 超声波提取太子参多糖工艺的优化 [J]. 时珍国医国药 , 2012, 23(8): 1972-1973.

[21] 刘东 , 张春红 , 陈鑫 , 等 . 太子参多糖提取方法对比研究及工艺优化 [J]. 安徽农业科学 , 2014, 42(35): 12469-12471.

[22] 方文清 , 孔玉婷 , 安凤平 , 等 . 响应面法优化太子参渣中多糖提取工艺研究 [J]. 免疫学杂志 , 2018, 34(9): 791-798.

[23] 潘兴桥 , 李建萍 , 荆旭慧 , 等 . 超高压技术提取太子参多糖的工艺研究 [J]. 宁夏农林科技 , 2012, 53(11): 93-95.

[24] 潘慧青 , 张兆昆 , 张炎达 , 等 . 响应面法优化太子参蒸汽爆破提取多糖的工艺研究 [J]. 农业科学与技术（英文版）, 2020, 21(2): 41-46.

[25] 郭守斌 . 柱前衍生超高效液相色谱法分析太子参多糖中单糖的组成 [J]. 中国现代医学杂志 , 2016, 26(23): 37-41.

[26] 夏和先 , 陈乃东 , 姚厚军 , 等 . 不同种源的太子参多糖含量及其单糖组成 GC-MS 研究 [J]. 天然产物研究与开发 , 2016, 28(4): 542-546.

[27] 杨斌 , 庞文生 , 胡娟 . 太子参均一多糖的分离与表征 [J]. 中国民族民间医药 , 2017, 26(4): 11-12.

[28] 史文涛 , 庞文生 , 胡娟 . 高效凝胶色谱法测定太子参均一多糖分子量 [J]. 中国民族民间医药 , 2015, 24(2): 20-30.

[29] 刘训红 , 阚毓铭 , 王玉玺 . 太子参多糖的研究 [J]. 中草药 , 1993, 24(3): 119-121.

[30] HU J, PANG W, CHEN J, et al. Hypoglycemic effect of polysaccharides with different molecular weight of Pseudostellaria heterophylla[J]. BMC Complement Altern Med, 2013, 13: 267.

[31] CHEN J, PANG W, SHI W, et al. Structural elucidation of a novel polysaccharide from pseudostellaria heterophylla and stimulating glucose uptake in cells and distributing in rats by oral[J]. Molecules, 2016, 21(9): 1233.

[32] CHEN J, PANG W, KAN Y, et al. Structure of a pectic polysaccharide from Pseudostellaria heterophylla and stimulating insulin secretion of INS-1 cell and distributing in rats by oral[J]. Int J Biol Macromol, 2018, 106: 456-463.

[33] XU G B, ZHU Q F, WANG Z, et al. Pseudosterins A-C, Three 1-Ethyl-3-formyl-beta-carbolines from Pseudostellaria heterophylla and their cardioprotective effects[J]. Molecules, 2021, 26(16): 5045.

[34] 李滢, 杨秀伟. 太子参(柘参1号)的化学成分[J]. 中国中药杂志, 2008, 33(20): 2353-2355.

[35] 张健, 李友宾, 王大为, 等. 太子参化学成分研究[J]. 中国中药杂志, 2007, 32(11): 1051-1053.

[36] 张春丽, 徐国波, 刘俊, 等. 太子参化学成分研究[J]. 天然产物研究与开发, 2017, 29(7): 1132-1135.

[37] 马阳, 侯娅, 邹立思, 等. 不同采收期太子参中13种核苷类成分的含量测定研究[J]. 中国药学杂志, 2015, 50(1): 75-79.

[38] 王喆星, 徐绥绪, 张国刚, 等. 太子参化学成分的研究(Ⅳ)[J]. 中国中药杂志, 1992, 17(3): 65-67.

[39] 秦民坚, 余永邦, 黄文哲. 江苏栽培太子参的化学成分研究[J]. 现代中药研究与实践, 2005, (1): 38-40.

[40] 马阳, 侯娅, 邹立思, 等. 不同种质和地域太子参氨基酸柱前衍生-HPLC测定及多元统计分析[J]. 天然产物研究与开发, 2016, 28(8): 1192-1198.

[41] 童萍. 毛细管电泳-间接紫外法用于太子参中的非衍生化氨基酸检测[J]. 分析测试技术与仪器, 2014, 20(4): 197-203.

[42] 李学农. 规范化种植的太子参氨基酸成分分析[J]. 福建医药杂志, 2011, 33(4): 79-80.

[43] 阚永军, 胡娟, 蒋畅, 等. 一种太子参药材中氨基酸类成分的薄层鉴别方法[P]. 2020-11-10.

[44] 吴锦忠, 陈体强, 秦路平. 太子参挥发油化学成分研究(I)[J]. 天然产物研究与开发, 2008, 20(3): 458-460.

[45] 刘义宁, 易骏, 陈体强. 太子参挥发油化学成分研究[J]. 时珍国医国药, 2009, 20(1): 50-51.

[46] 钱伟, 韩乐, 刘训红, 等. 太子参药材特异气味成分的HSGC-MS分析研究[J]. 现代中药研究与实践, 2010, 24(5): 25-27.

[47] 黄特辉. 基于电子鼻技术的太子参气味识别及其物质基础研究[D]. 北京: 北京中医药大学, 2020.

[48] 阚永军, 胡娟, 蒋畅, 等. 一种太子参药材中脂溶性成分的薄层鉴别方法[P]. 2020-11-06.

[49] YANG Q, CAI X, HUANG M, et al. Immunomodulatory effects of Pseudostellaria heterophylla peptide on spleen lymphocytes via a Ca^{2+}/CaN/NFATc1/IFN-gamma pathway[J]. Food Funct, 2019, 10(6): 3466-3476.

[50] YANG Q, CAI X, HUANG M, et al. Isolation, identification, and immunomodulatory effect of a peptide from pseudostellaria heterophylla protein hydrolysate[J]. J Agric Food Chem, 2020, 68(44): 12259-12270.

[51] YANG Q, CAI X, HUANG M, et al. A specific peptide with immunomodulatory activity from Pseudostellaria heterophylla and the

action mechanism [J]. J Functional Foods, 2020, 68: 103887.

[52] 杨徐杭. 太子参的功效特点 [J]. 中华中医药学刊, 1995, (5): 41-42.

[53] 张婕, 于华生, 游勇基. 柘荣太子参的食用和药用价值 [J]. 海峡药学, 2011, 23(5): 48-50.

[54] 龚祝南, 戴岳, 马辉, 等. 8个不同产地太子参对脾虚及免疫功能的影响 [J]. 中药材, 2001, 24(4): 281-282.

[55] 潘慧青, 张炎达, 衣伟萌, 等. 不同浓度太子参须提取物对小鼠血清细胞因子的影响及其相关性分析 [J]. 农业科学与技术(英文版), 2022, 23(3): 46-51.

[56] 衣伟萌, 陈赛红, 闵思明, 等. 太子参参须提取物对免疫抑制小鼠免疫保护作用的研究 [J]. 天然产物研究与开发, 2020, 32(5): 837-844.

[57] 王家葵, 郑军, 沈映君, 等. 太子参总提取物对环磷酰胺处理动物免疫功能及胸腺、脾脏核酸含量的影响 [J]. 中药药理与临床, 1996, 12(6): 16-18.

[58] 蔡晶, 李孝栋, 陈旭征, 等. 太子参多糖粗提物对小鼠免疫功能的影响 [J]. 福建中医学院学报, 2005, 15(3): 33-35.

[59] 陈耀金, 陈建洪, 刘伟招, 等. 太子参胶囊增强免疫作用实验研究 [J]. 中医药临床杂志, 2015, (8): 1172-1174.

[60] KAN Y, LIU Y, HUANG Y, et al. The regulatory effects of Pseudostellaria heterophylla polysaccharide on immune function and gut flora in immunosuppressed mice[J]. Food Sci Nutr, 2022, 10(11): 3828-3841.

[61] 邱超, 舒青龙. 中医健脾与肠道微生态 [J]. 中医药通报, 2019, 18(6): 25-28.

[62] XIAO Q, ZHAO L, JIANG C, et al. Polysaccharides from

Pseudostellaria heterophylla modulate gut microbiota and alleviate syndrome of spleen deficiency in rats[J]. Sci Rep, 2022, 12(1): 20217.

［63］朱妍锦，肖庆，黄雅婷，等．太子参水煎液对脾虚型大鼠肠道菌群的影响 [J]. 人参研究, 2022, 34(1): 20-24.

［64］林泗定．太子参镇咳药效活性研究 [D]. 福州：福建中医药大学，2011.

［65］PANG W, LIN S, DAI Q, et al. Antitussive activity of Pseudostellaria heterophylla (Miq.) Pax extracts and improvement in lung function via adjustment of multi-cytokine levels[J]. Molecules, 2011, 16(4): 3360-3370.

［66］LU F, YANG H, LIN S, et al. Cyclic peptide extracts derived from pseudostellaria heterophylla ameliorates COPD via regulation of the TLR4/MyD88 pathway proteins[J]. Front Pharmacol, 2020, 11: 850.

［67］杨晗，阚永军，曾洁，等．太子参环肽提取物对 LQIS-COPD 大鼠动物模型的干预作用 [J]. 中国民族民间医药, 2019, 28(1): 25-27.

［68］曹莉，茅彩萍，顾振纶．三种中药对糖尿病小鼠胰岛素抵抗的影响 [J]. 中国血液流变学杂志，2005, 15(1): 42-44.

［69］陈锦龙．闽产柘荣太子参多糖抗糖尿病药效筛选及结构表征 [D]. 福州：福建中医药大学, 2014.

［70］夏伦祝，徐先祥，张睿．太子参多糖对糖尿病大鼠糖、脂代谢的影响 [J]. 中国药业, 2009, 18(9): 17-18.

［71］姚先梅，段贤春，吴健，等．太子参多糖对实验性糖尿病大鼠血糖、血脂代谢和肾脏病理的影响 [J]. 安徽医药, 2014, (1): 23-26.

［72］鲍琛．太子参多糖对链尿菌素诱导Ⅰ型糖尿病小鼠的血糖血脂的影响 [J]. 中华中医药学刊, 2010, 28(10): 2195-2196.

［73］阚永军，赵立，陈达炜，等．太子参均一多糖对大鼠小肠 α- 糖苷

酶活性影响[J].中国民族民间医药,2019,28(4):18-20.

［74］王琪,柴单单,吴晓华,等.太子参多糖减轻高脂诱导的小鼠肝脏胰岛素抵抗[J].中国病理生理杂志,2015,31(4):685-689.

［75］张伟云,温忠秀,王晓禹,等.太子参提取物对3T3-L1前脂肪细胞分化的影响[J].海峡药学,2016,28(12):8-11.

［76］王林莉,庞文生,胡娟.太子参多糖治疗大鼠糖尿病足溃疡研究[J].中国民族民间医药,2020,29(3):13-17.

［77］LIU Y, KAN Y, HUANG Y, et al. Physicochemical characteristics and antidiabetic properties of the polysaccharides from pseudostellaria heterophylla[J]. Molecules, 2022, 27(12): 3719.

［78］黄雅婷.太子参多糖改善T2DM大鼠肠道免疫的作用机制研究[D].福州:福建中医药大学,2022.

［79］沈祥春,陶玲,柏帅,等.太子参对心肌梗死后慢性心衰大鼠氧化应激的干预作用[J].华西药学杂志,2008,(4):413-416.

［80］沈祥春,陶玲,彭佼,等.太子参对心肌梗死后慢性心衰大鼠心功能与基质金属蛋白酶表达的影响[J].中国病理生理杂志,2008,24(9):1694-1698.

［81］杨馨,张金娟,宛蕾,等.太子参抗心肌细胞缺氧/复氧损伤的活性部位筛选及作用机制研究[J].中国药房,2018,29(14):1958-1964.

［82］孙粥,宛蕾,林晓坚,等.太子参多糖对缺血再灌注损伤模型大鼠心肌细胞凋亡的抑制作用研究[J].中国药房,2018,29(16):2175-2179.

［83］刘湘湘,阮君山.太子参多糖对大鼠心肌缺血的保护作用[J].中国民族民间医药,2017,26(17):18-20.

［84］中国科学院中国植物志编辑委员会.中国植物志[M].北京:科学

出版社, 1996, 26: 67.

[85] 林光美. 太子参品种栽培特性及其高产配套技术 [D]. 福州：福建农林大学, 2004.

[86] 李龙进. 播种量及多效唑浸种对 3 个太子参品种（系）农艺性状与质量的影响 [D]. 贵州：贵州大学, 2018.

[87] 姚洁, 程磊, 周涛, 等. 国内太子参种质资源与遗传育种研究进展 [J]. 中国农学通报, 2022, 38(7): 62-66.

[88] 姚勇, 王德群. 太子参新品种——宣参 1 号特征特性与栽培技术 [J]. 农业科技通讯, 2005, (11): 33.

[89] 周黎. "黔太子参 1 号"种参繁育技术 [J]. 中国园艺文摘, 2014, 30(6): 219-220.

[90] 龙晓梅. 太子参高产栽培技术 [J]. 农技服务, 2013, 30(2): 129-130.

[91] 胡涛, 郭玉玲. 临沭县太子参标准化种植技术 [J]. 中国农技推广, 2020, 36(7): 47-48.

[92] 韩见宇. 贵州省施秉县太子参规范化栽培操作规程 (SOP)[J]. 中药研究与信息, 2004, (5): 29-33.

[93] 叶祖云, 陶心想, 董亚歌, 等. 一种无土栽培扩繁太子参脱病毒种参的方法 [P]. 2018-10-30.

[94] 张洪博, 张忠锋, 刘晓峰, 等. 一种太子参脱毒种苗的组培扩繁方法 [P]. 2020-06-02.

[95] 王磊, 赵锋, 沈亮, 等. 无公害太子参栽培技术探索 [J]. 世界科学技术—中医药现代化, 2018, 20(7): 1123-1129.

[96] 林光美, 侯长红, 王树贵, 等. 施肥对太子参产量的影响 [J]. 亚热带农业研究, 2005, (1): 37-40.

[97] 卢明忠, 曾茂贵, 张宽, 等. 不同菌肥处理对重茬太子参产量和品质的影响 [J]. 海峡药学, 2016, 28(10): 42-44.

参考文献

[98] 张礼维, 韦鑫, 王秀云, 等. 不同施肥处理对太子参生长、根腐病发生及产量的影响 [J]. 江苏农业科学, 2015, 43(5): 236-238.

[99] 汤华芹, 徐同印, 闫仁智. 太子参栽培技术简介 [J]. 时珍国医国药, 2003, (12): 792.

[100] 李玺洋, 苏桢, 申火云, 等. 太子参绿色种植模式田间试验效果 [J]. 中国测试, 2022, 48(1): 50-56.

[101] 李学运. 太子参繁殖与栽培技术 [J]. 科学种养, 2021, (5): 24-26.

[102] 马登慧. 30% 苯醚甲环唑·丙环唑防治太子参叶斑病效果 [J]. 植物医生, 2016, 29(7): 66-68.

[103] 王晓平. 10% 世高等药剂对太子参叶斑病的防治效果研究 [J]. 内蒙古农业科技, 2006, (4): 57-58.

[104] 李树江, 周雪林, 杨友联. 太子参叶斑病病原菌鉴定及防治药剂筛选 [J]. 植物保护, 2018, 44(3): 182-185.

[105] 任建国, 欧阳桂炉, 汪文云, 等. 太子参根腐病菌的分离和鉴定及 10 种杀菌剂对其毒力测定试验 [J]. 农药, 2016, 55(4): 297-299.

[106] 李恩涛, 余文芹, 周全忠, 等. 不同药剂防治太子参根腐病筛选试验初探 [J]. 耕作与栽培, 2013, (2): 28-50.

[107] 肖荣凤, 陈燕萍, 陈梅春, 等. 太子参根腐病病原菌的鉴定及防治药剂筛选 [J]. 植物保护学报, 2020, 47(6): 1333-1342.

[108] 司世飞, 宋莉莎, 任静, 等. 不同土壤处理剂对太子参根腐病发生及产量的影响 [J]. 耕作与栽培, 2018, (2): 27-28.

[109] 林光美, 侯长红. 太子参生产质量管理规范(GAP)的初步探讨[J]. 福建农林大学学报(哲学社会科学版), 2003, (2): 51-54.

结　语

　　宁德市柘荣县素有"中国太子参之乡"之称，太子参种植历史悠久，是柘荣县农业的特色主导产业，有广泛的群众基础。近年来，柘荣县立足资源优势，制定了系列实施方案及发展规划，以大视野谋划柘荣太子参产业大格局，高质量推动一产践行见效、二产"落地有声"、三产"枝繁叶茂"，促进太子参一、二、三产业融合发展，打造太子参产业发展"八个一"，助力"闽东药城"高质量发展。"以药兴县、以药富民"，念好"参"字经，做好"土特产"文章，柘荣县坚持扶强做优特色农业，以产业振兴为乡村振兴注入新动力。

　　太子参综合质量评价和差异化研究、良种繁育研究、太子参生产专用肥筛选试验及应用示范研究等工作稳步推进；凝心聚力发展太子参冷链仓储、种苗培育及示范基地等优势农业提效专项行动；加快推进柘荣太子参小微园建设、改造升级太子参交易中心、完善太子参追溯大数据平台建设、规划建设闽东药博园，促进多业态融合发展等。

　　科学规划引领产业发展，柘荣县高起点、高水平制定产业发展规划，先后发布了《关于进一步支持生物医药产业人才引进和培养的若干措施（试行）》《柘荣县关于鼓励支持"柘荣太子参"科研及规范化种植的九条措施》《柘荣县促进生物与新医药产业发展六条措施》《柘荣县生物医药产业集群发展规划（2022—2025年）》等一系列措施、规划。

　　柘荣太子参产业要取得发展，关键在于技术创新。要在传承的基础上进行理论创新、标准创新和生产工艺创新，要利用现代科技方法和手

结　语

段改造传统的工艺路线和制造方法。

"柘荣太子参"产业发展《蓝皮书》的发布，分析现有柘荣太子参产业面临的主要挑战和问题，全面阐述太子参产业发展理念、内涵特征，研判现阶段柘荣太子参发展所存在的问题，提出破解问题的新举措和2022—2025年的重点任务，以促进柘荣太子参产业健康持续发展。